高等职业院校精品教材系列

U0745242

大学生思想政治课程教学创新与实践

韩玉霞 主编

电子工业出版社
Publishing House of Electronics Industry
北京·BEIJING

内 容 简 介

本书共包含九章。第一章为绪论，结合大学生思想政治课程教学的时代背景，阐明大学生思想政治课程教学的内容与特点、任务；第二章介绍大学生思想政治课程教学的内容创新与思想资源；第三章为大学生思想政治课程教学的原则、理念和方法；第四章为加强大学生思想政治课程的教学研究；第五章为拓宽大学生思想政治课程教学的文化路径；第六章为深化大学生思想政治课程教学的社会实践活动；第七章为新媒体与大学生思想政治课程教学；第八章为加强大学生思想政治课程教师队伍建设；第九章为新时代大学生思想政治课程教学的长效机制探索。

本书为高等职业本专科院校思政课程的教学辅助读物，也可作为高校思政课程研究人员的参考书。

本书配有免费的电子教学课件等，详见前言。

图书在版编目（CIP）数据

大学生思想政治课程教学创新与实践 / 韩玉霞主编. —北京：电子工业出版社，2021.8
高等职业院校精品教材系列
ISBN 978-7-121-34546-3

Ⅰ. ①大… Ⅱ. ①韩… Ⅲ. ①高等学校－思想政治教育－教学研究－中国 Ⅳ. ①G641

中国版本图书馆 CIP 数据核字（2021）第 183680 号

责任编辑：陈健德
文字编辑：徐　萍
印　　刷：北京七彩京通数码快印有限公司
装　　订：北京七彩京通数码快印有限公司
出版发行：电子工业出版社
　　　　　北京市海淀区万寿路 173 信箱　邮编：100036
开　　本：787×1 092　1/16　印张：11.25　字数：288 千字
版　　次：2021 年 8 月第 1 版
印　　次：2021 年 8 月第 1 次印刷
定　　价：69.00 元

凡所购买电子工业出版社图书有缺损问题，请向购买书店调换。若书店售缺，请与本社发行部联系，联系及邮购电话：（010）88254888，88258888。

质量投诉请发邮件至 zlts@phei.com.cn，盗版侵权举报请发邮件至 dbqq@phei.com.cn。

本书咨询联系方式：chenjd@phei.com.cn。

前　言

　　大学生思想政治课程教学是高校人才培养的重要组成部分，其面临着在新的形势下如何增强吸引力、感染力，培养中国特色社会主义的合格建设者和可靠接班人的问题。大学生思想政治课程教学要正视目前面临的机遇与挑战，要与时俱进、创新发展，建构符合大学生思想政治课程教学的新模式。现在党和国家十分重视大学生思想政治教育工作，并先后出台了一系列文件，这对大学生思想政治课程教学给予了充分肯定，也对大学生思想政治课程教学的创新与发展提出了更高的要求。高校大学生思想政治课程教学伴随中国特色社会主义进入新时代而迈入新征程，对于大学生思想政治课程教学应因事而化、因时而进、因势而新，切实肩负起新时代赋予的新使命。作者总结多年工作经验和心得，精心撰写了《大学生思想政治课程教学创新与实践》一书，可作为我国高等职业本专科院校思政课程的教学辅助读物，也可作为高校思政课程研究人员的参考书。

　　本书共包含九章。第一章对大学生思想政治课程教学的理论与背景进行论述，包括大学生思想政治课程教学的时代背景、内容与特点及任务。第二章就大学生思想政治课程教学的内容创新与思想资源展开说明。第三章阐述大学生思想政治课程教学的基本思路，包括大学生思想政治课程教学的原则、理念和方法。第四章强调应加强大学生思想政治课程的教学研究，首先说明思想政治课程教学的重要意义，然后分析当前思想政治课程的教学现状，最后论述思想政治课程的教学改革。第五章对能够拓宽大学生思想政治课程教学的文化路径进行说明，具体包括校园文化对大学生思想政治课程教学的重要意义、校园文化对大学生思想政治课程教学的影响。第六章对能够深化大学生思想政治课程教学的社会实践活动展开论述，具体包括社会实践对大学生思想政治课程教学的重要意义、社会实践的多种运用模式和健全社会实践的长效机制。第七章对新媒体与大学生思想政治课程教学进行探讨，首先说明新媒体的特点与发展，然后分析新媒体对大学生思想政治课程教学的重要意义，最后论述新媒体在大学生思想政治课程教学中的应用。第八章研究加强大学生思想政治课程教师队伍建设，具体包括大学生思想政治课程教师队伍建设的必要性与基本思路、大学生思想政治课程教师队伍的素质能力要求以及大学生思想政治课程教师队伍建设的长效机制。第九章从示范机制、管理机制及评价机制三个方面探索新时代大学生思想政治课程教学的长效机制。本书全面梳理了大学生思想政治课程教学的相关内容，不仅视角新颖、脉络清晰，而且资料翔实、结构缜密。

　　本书对新时代大学生思想政治课程教学的相关理论、具体实践与创新发展进行有创意的解读，不仅有效实现学科理论与实践操作相统一，而且将继承传统与突破创新相结合，对于强化大学生思想政治课程教学的认识，加强大学生对理论知识的掌握与运用具有重要意义。

在本书的写作过程中，编者参阅了大量的文献和专著，并借鉴了一些专家和学者的理论思想，在这里向他们表示衷心的感谢。

因写作水平有限，书中不免有错误和疏漏之处，恳请广大读者批评指正。

编 者
2020 年 8 月

目　录

第一章

绪　论

大学生是祖国的未来，是社会的希望，其思想素质对我国人才资源的质量产生直接的影响，也影响着我国能否实现社会主义现代化强国宏伟目标、能否保证中国特色社会主义事业的兴旺发达、能否最终实现中国梦。大学生思想政治课程（本书除特别指出外均指大学生思想政治理论课程）教学的基本理论是开展大学生思想政治课程教学的支撑，只有对这些理论有所熟悉和把握，才能更好地开展大学生思想政治课程教学实践，也才会在这些基本理论的指导下，实现大学生思想政治课程教学的进一步发展。本章就对大学生思想政治课程教学的基本理论进行分析和探讨。

第一节　大学生思想政治课程教学的时代背景

当今中国社会，随着改革开放的不断深入，经济全球化、文化多元化进一步发展。随着文化的多元化，部分大学生产生了道德、信仰和理想上的困惑，他们对社会变革时期所遇到的各种矛盾更加敏感，因此也就更需要别人的帮助。事实告诉我们，当前高校思想政治课程教学出现了很多新的特点。如何针对现代大学生面临的经济与文化环境进行有针对性的思想政治教育，就成了当前大学生思想政治课程教学的重点。

一、大学生思想政治课程教学的形势变化

新挑战源自新环境，正是由于国内外形势的新变化，大学生思想政治课程教学要面

临新的挑战。大学生思想政治课程教学的形势变化主要表现在以下几个方面。

（一）经济市场化

我国经济体制改革的目标是建立并完善具有中国特色的社会主义市场经济体制。改革开放以来，我国已经逐渐建立起市场经济体制，经济迅猛发展，经济实力和综合国力都有了明显的提升。中国的经济市场化给社会带来了深刻的影响，从而间接影响了大学生思想政治课程教学的方向和方式。我国的经济市场化对社会的影响主要表现在以下几个方面。

1. 社会结构呈现多样化

经济市场化造成了我国社会结构呈现出多样化的特点。这主要是由于经济成分和经济利益的多样化决定的，而社会结构的多样化具体表现为社会阶层的多样化，社会阶层的多样化又会进一步推动人们生活方式、思维模式及行为方式的多样化。

2. 中国经济市场化

在经济市场化的环境下，我国的经济市场化改革取得了重大成果，市场开始在资源配置中起决定作用。多种所有制经济共同发展取代了单一的所有制经济形式。国有企业的市场化程度得到了明显提高。非国有制经济得到了大幅增长。

（二）经济全球化

经济全球化目前已经成为世界经济发展的趋势，也是各国经济发展依赖的外部环境。经济全球化不仅给人类的经济发展创造了条件和机会，也给经济发展带来了前所未有的挑战和风险。要想在社会主义初级阶段最大限度地发展经济，就必须认清经济全球化给我国带来的机遇和挑战，认清经济全球化的发展现状。研究经济全球化对我国的影响，我们要注意以下几个问题。

1. 经济全球化的本质和现象

从本质上来看，经济全球化的产生基础是市场经济体制，先进的科学技术和社会生产力是经济全球化发展的手段和途径，经济效益的最大化是经济全球化的最终目标，经济全球化就是以市场为主体，企业利用发展手段，在市场经济的基础上实现经济效益最大化的过程。从现象上来看，经济全球化就是超越国界范围的经济活动，通过对外贸易、资本流动、服务交易等实现。

2. 经济全球化对我国的影响

在经济全球化的过程中，一国的经济震动就会给其他各国带来或大或小的影响。比如，美国的经济危机就使得包括中国在内的很多国家产生经济发展变化。由于经济全球

化，西方的政治强权可能对我国的政治和军事格局产生影响；同样也是由于经济全球化，我国能从其他国家获得更多的经济发展的机会。不难看出，经济全球化对我国的影响有积极的方面，也存在风险的方面。中国的发展离不开经济全球化，但是在经济发展的过程中，我们要做好迎接西方文化挑战的准备。

（三）社会信息化

大学生思想政治课程教学所面临的环境变化之一就是社会信息化。随着社会的发展，科学技术不断进步，网络和电子设备已经渗透到我们日常生活的方方面面。社会信息化就是科学技术全面发展的重要表现之一。社会信息化是指通过现代技术和网络设施将信息资源充分传递到社会发展的各个方面。信息化是从有形的物质产品创造价值向无形的信息创造价值的阶段的转变，也就是精神生产和消费的增加过程。相关调查数据显示，目前，我国正处于从被动应对全球社会信息化向主动发展信息化转变的关键阶段，中国的经济增长和社会发展为信息化的发展提供了基础和前提。大学生是对信息最敏感、最渴望的群体，是社会信息化的主动参与者和推动者，因此，社会信息化不仅会对大学生的思维方式产生影响，而且会给大学生思想政治教育带来挑战。

（四）文化多样化

在社会发展和社会交往中，文化对人们生活方式的建立和思维习惯的养成产生了重要的影响。文化本身就是丰富多彩、多种多样的。21世纪以来，人类文化的发展进入了新阶段，文化交往全球化将成为全球历史进程的必然过程。随着我国改革开放的深入，科学技术的迅速进步为我国多样化文化格局的形成提供了坚实的基础。生产力的发展成为文化多样化的推动力。而社会经济成分、就业形势及社会利益关系的多样化发展，使得社会精神文明生活和文化也趋于多样化。文化的多样性是广大人民群众对文化方面的需求增加的最好体现，是人民精神世界和个性特点的多样化的表达。文化多样化是改革开放的必然产物，同时也是顺应我国改革开放、时代进步的趋势的结果。文化多样化主要表现在以下几方面。

1. 我国传统文化与外来文化共存

文化多样化体现在我国传统文化与外来多种文化共存。我国的传统文化是指在进入现代社会之前，我国经过长期的发展和历史沿革所形成的独有的文化。传统文化经过长久的发展和继承，成为规范人们行为习惯的共同精神，并对人们价值观的形成和思维方式的养成具有重要的引导作用。外来文化包括西方文化。西方文化就是指最早在欧洲形成，并且逐渐在欧洲、北美洲及澳大利亚等地区盛行的文化。我们不仅要继承和发扬我国优秀的传统文化，而且要积极吸取外来优秀文化的精髓，从而促进我国物质文明与精神文明的不断发展。

2. 主文化与其他文化共存

文化多样性还表现在主文化与其他文化在文化市场中的共存。主文化，是指在社会中占据主导地位的文化，体现了一国的根本价值观。其他文化，是指不在整个社会中占据主要地位，而只在特殊群体中受到推崇的文化，体现了在社会转型加速期社会价值观念的分化。

在经济全球化的大环境下，社会避免不了多极化发展的趋势，而随着科学技术的发展、各地区之间开放程度的提高及网络时代的来临，文化多样化将是经济全球化、社会信息化等带来的必然结果。

在当今的社会环境中，文化多样化不仅丰富了社会文化的内容，而且满足了人们对于精神文化不同层次、不同类别的需求。对于价值观正在形成的大学生来说，在这种文化多样化的时代，要通过大学生思想政治课程学习，形成中国特色的社会主义核心价值观和科学的人生观。

二、时代变化为大学生思想政治课程教学带来的机遇与挑战

（一）时代变化为大学生思想政治课程教学带来的机遇

1. 创设了大学生思想政治课程教学的和平环境改革

改革开放以来，在全球范围内，无论是政治、经济还是文化领域，中国都开始承担起大国的国际责任，在推动双边及多边贸易、和平解决核危机、平息国际争端等方面都发挥出了重要的作用，中国的国际地位得到很大提升。在世界多元化的迅速发展下，中国特色社会主义事业的发展也取得了令人瞩目的成就，人民的爱国主义和社会主义信念得到进一步加强。随着我国市场经济的发展，人们的生活质量有了很大提高，社会实现了安定团结，这为大学生思想政治课程教学的发展提供了稳定的社会环境，有利于为大学生提供一个良好的学习教育环境。

2. 凸显了大学生思想政治课程教学的重要地位

随着经济全球化在世界范围内的兴起，再加上科技信息化的不断发展，各国之间的竞争也愈加激烈，竞争的焦点主要集中在人才上，其在影响综合国力竞争的因素中占据重要的地位。人才在世界竞争中占据着如此重要的地位，因此必须注重对人才的开发。在注重对其进行科学文化素质培养的过程中，还要注意对其高尚品质的塑造。知识经济和信息技术的发展必然会更加凸显出社会道德及人的情感等精神因素构建的重要性。经济一体化的发展和知识经济的勃兴，在世界范围内综合国力竞争日益激烈的条件下，塑造一批高质量的人才显得极为重要，他们不仅要具有强烈的爱国主义精神，同时还要有高度的创新精神，德才兼备。在这种情况下，我国坚持科教兴国战略就显得尤为重要，

必须加强对大学生的思想政治教育，培养其高尚的道德情操，拓宽国际视野，培养可以面向世界的高素质人才。

3. 扩大了大学生思想政治课程教学的资源和内容

在全球化进程中，信息技术的发展使得思想政治教育者也获得了更加便利地调用各种教育资源的条件。大学生面临着一个开放的信息世界，他们可以在丰富多彩的信息世界尽情漫游。思想政治教育者还可以通过网络互动，更为准确地把握教育对象的心理状态、思想动向等。教育者对这些资源的掌握与开发越多，大学生思想政治课程教学就越有针对性，越富有成效。在新形势下，大学生思想政治课程教学要求具有开放性和国际性，其被赋予了更多的时代内容。与此同时，关注人的社会生存环境、生活质量及人类的尊严、道德完善和全面发展问题，尊重人类的共同规范，保护生态环境，维护世界和平，促进人类发展，也是大学生思想政治教育需要解决的新课题。在社会信息化条件下，培养大学生的信息素养，增强大学生的信息意识和信息观念，也成为当前社会信息化条件下大学生思想政治教育的新内容。在社会主义市场经济条件下，要将市场意识、竞争意识、效率意识、平等意识、民主意识、规则意识等这些适应市场经济发展的观念和素质纳入大学生思想政治教育的内容体系中，增强其时代感和现实性。

4. 开拓了大学生思想政治课程教学的视野

经济全球化与社会信息化的迅速发展，还拓宽了大学生思想政治教育的时空，这就要求我们在对大学生进行思想政治教育的过程中，必须面向国际视野，对教育的理论和实践都要重新进行审视。经济全球化唤醒了他们的国际意识、竞争意识和进取意识。伴随着经济全球化的发展进程，西方国家的一些势力想从中国获利，以便长期保持自己的经济优势，延缓中国上升为世界强国的步伐，这些现象帮助学生认清复杂的国际局势，有利于大学生从纷繁复杂的国际形势中，透过现象看本质。

大学生思想政治教育时空视域的世界性拓展，不仅拓展了大学生的国际视野，而且为我们充分利用这种新境遇做好大学生思想政治教育提供了新的思维方式和理念。在新形势下，大学生思想政治教育必须以宽阔的国际视野汲取人类文明的一切优秀成果和先进经验，在国际视野中推进大学生思想政治教育的改革与发展。

5. 为大学生思想政治课程教学提供了新载体

以网络技术为核心的现代信息技术的迅速普及，不仅推动了全球化，而且给大学生思想政治教育提供了新的载体。网络作为大众媒介，与传统的报纸、广播、电视相比，显示了自己的许多特点和优势，主要有以下五个表现：一是传播方式的交互性。在网络上，传播者和受众可以通过各种软件和方式即时沟通，使信息的反馈得以即时实现，从而在全新的意义上实现了受众对信息传播过程的参与。二是信息传播的高效性。在现代

信息化条件下，信息能随时更新，甚至实时传播。三是传播空间全球化。目前，网络已经延伸到了全球 200 多个国家和地区，在任何角落进入网络，瞬间就可以传遍整个世界。网络使家庭与学校对学生的思想政治教育连为一体。通过网络，家长可随时与学校保持联系，做到家校结合，共同做好学生的思想政治教育。四是传播手段立体化。网络作为一种新的传播方式，同时具备文字、图像、视频、音频等人类现有的一切传播手段。网络可以发挥多媒体技术手段的优势，使传播效果最优化。五是开辟了大学生思想政治教育的新阵地。学生利用网络来了解国内外、校内外发生的事件，日益成为大学生思想政治教育的新阵地。

（二）时代变化为大学生思想政治课程教学带来的挑战

当前大学生思想政治教育的外在环境概括起来存在经济市场化、经济全球化、社会信息化及文化多元化等趋势。这些环境的变化趋势也为大学生思想政治教育带来了一定的挑战。

1. 经济市场化带来的挑战

改革开放以来，我国社会主义市场经济得到了空前的发展，社会主义市场经济体制也得到了完善和健全，市场经济的发展同样对大学生思想政治教育提出了一些新的挑战。比如，市场经济自身的局限性决定了其可能诱发拜金主义、享乐主义、利己主义等思想的出现，在这些思想对我国传统的以最广大人民群众利益为根本原则的思想造成了冲击，对大学生思想政治教育带来了一系列挑战。大学生思想政治教育工作者必须时刻对学生的行为和思想进行关注，在发现问题时要以正确的人生观和价值观加以引导。

2. 经济全球化带来的挑战

毋庸置疑，经济全球化都对我国大学生思想政治教育造成了一定的影响，并带来很大的挑战。从客观现实来看，经济全球化已经成为西方资本主义国家试图将西方国家的意识形态强加到世界其他国家的手段和工具；而从主观意图来看，西方国家利用经济全球化使得中国大量引进西方科学技术，其中就有"分化"中国的意图。在经济全球化的背景下，西方的意识形态表现出新的渗透方式，手法不断创新，并且越来越具有欺骗性。这样的状况对我国大学生思想政治教育也产生了一定的影响，大学生思想政治课程教学需要重视和引导学生正确地分析社会现象。

3. 社会信息化带来的挑战

社会信息化改变了人们获取信息的方式。作为社会信息化发展较先进的西方国家，信息技术和网络技术的发展成为其谋求在国际社会上更高的社会地位的工具和手段。而对于我国来说，如果一味地容忍西方国家利用技术方面的优势对我国的社会秩序进行干扰，将五花八门甚至有害的信息传播到我国，就会给大学生带来强烈的冲击，大学生可

能会面对与他们价值观念完全不相符的信息和消息，在这样的情况下，引导大学生形成科学的世界观、人生观、价值观，正确认识这些信息就显得尤为重要。

信息化进程的推进使人们获取信息的途径变得广泛，方式变得先进。消息传播的方式也逐渐向多样化发展。在大学思想政治教育中，由于社会消息的广泛传播，大学生接收到的信息可能会存在很大的差异，这就会导致大学生越来越具有自己的个性，形成属于自己的行事风格和思维方式，这对大学生思想政治教育提出了极大的要求——怎样面对价值观念和认识世界的方式完全不同的大学生，并给他们的人生提出建议和帮助。

网络是一把"双刃剑"，互联网技术的快速发展导致了相关的法律规范制度并不能及时跟上节奏，这就会造成部分大学生在网络环境中出现行为不规范及心理不健康等问题。在网络环境中管理力度的薄弱使得网络行为得不到有效制约和监管，纵容了某些大学生自我意识的膨胀和道德责任的缺失。这些问题都是大学生思想政治课程教学需要考虑和面对的问题。

4. 文化多样化带来的挑战

文化多样化发展也给大学生思想政治教育带来了一定的挑战，主要表现在对价值观念的挑战。

首先，文化多样化的发展趋势对我国传统的价值观念带来了冲击。改革开放以来，社会实践推动了我国人民思想观念及价值观念的多样化发展。市场经济的发展导致了不同利益群体的产生，这些不同的利益群体又产生了属于自己的独特的价值观念。大学生从小生长在存在不同价值观念的家庭环境和校园环境中，受到不同价值观念的影响，必然会出现价值观念矛盾的问题。

其次，大众传媒的发展为这些不同的价值观念提供了传播的平台，各种文化在传播媒体上以各种各样的形式传达到大学生眼中和耳中。大学生缺乏对文化优良的鉴别能力，因此会形成消极、不科学、违背客观规律的价值观。这就需要大学生思想政治课程的教师在教学过程中注重对科学理论知识的传授，引导大学生纠正错误的价值观念，在形成科学人生观的基础上建立正确的价值观，指导学生更正确、客观地看待这个世界。

在大学生思想政治教育中，我们要重视大学生对思想文化的认识和理解，帮助他们建立起中国特色社会主义的道路自信、理论自信、制度自信、文化自信，以防止文化多样化对我国传统文化的不良影响。

第二节 大学生思想政治课程教学的内容与特点

当今世界正处在大发展、大变革、大调整时期，和平、发展、合作的时代潮流更加

强劲。世界多极化、经济全球化深入发展，多边主义和国际关系民主化深入人心，开放合作、互利共赢成为国际社会的广泛共识，国与国相互依存更加紧密。大学生思想政治课程教学是高校人才培养中的重要一环，在新时期必须对大学生思想政治课程教学进行研究，以推动大学生思想政治教育的发展。

一、大学生思想政治课程教学的主要内容

在高校人才培养中，大学生思想政治课程教学是其中最为重要的一环，因此在新时期必须对大学生思想政治课程教学的内涵进行研究，以更好地推动大学生思想政治课程教学的发展。思想政治课程教学本身属于一种教育实践活动，是改造人、塑造人的实践活动。

所谓大学生思想政治课程，是指高等院校根据一定的社会要求，制定人才培养目标，有计划、有目的、有组织地培养学生的思想品德、价值观念、理想追求、政治素养、心理素质，使他们形成与社会要求相符的社会价值观念。我国社会主义高等院校的根本任务就是为社会主义建设事业培养合格的接班人。大学生是祖国的未来，他们的思想道德素质直接关系着国家的前途发展，他们的科学文化素养也直接关系着民族的命运。作为中国特色社会主义事业的建设者，他们的素质直接关系着中国梦这一中华民族伟大复兴的理想的实现。

从深层次来讲，大学生思想政治课程教学就是用马克思列宁主义、毛泽东思想、中国特色社会主义理论体系来教育和引导大学生，使他们始终坚持社会主义方向，树立崇高的理想信念，具备高度的使命感和社会责任感，最终成为有理想、有道德、有文化、有纪律的社会主义接班人。

二、大学生思想政治课程教学的特点

大学生思想政治课程教学的目的就是要引导学生增强中国特色社会主义道路自信、理论自信、制度自信、文化自信，厚植爱国主义情怀，把爱国情、强国志、报国行，自觉融入坚持和发展中国特色社会主义事业、建设社会主义现代化强国、实现中华民族伟大复兴的奋斗之中。大学生思想政治教育特征体现在以下七个方面。

（一）民族性

所谓民族是人类社会存在的一种形式，是一种自然的历史存在。中国在历史发展的长河中，逐渐形成了自己的民族，并塑造和培养出了丰富的民族文化和民族情感，这在大学生思想政治课程教学内容中占据了重要地位。要以爱国主义教育为重点，深入进行民族精神教育，引导大学生增强民族自尊心、自信心、自豪感，做到以热爱祖国、贡献全部力量建设社会主义祖国为最大光荣，以损害社会主义祖国利益、尊严和荣誉为最大

耻辱。数千年的历史发展中，中华民族培养出了博大精深、源远流长的民族精神，这是中华民族生命力之所在，同时也是大学生思想政治教育中的重要一环。

（二）时代性

大学生思想政治课程教学的时代性是指在对其进行教育的过程中，必须紧跟时代的步伐，符合社会发展潮流，为大学生思想政治课程教学赋予鲜明的时代特征。大学生思想政治课程教学的时代性主要体现在教育内容上，包括党的路线、方针、政策，以及这些内容的理论来源和现实依据等，共同构成一个具有紧密内在联系的整体系统。具体来说，大学生思想政治课程教学内容主要包括对马克思列宁主义、毛泽东思想、"三个代表"重要思想、科学发展观、习近平新时代中国特色社会主义思想理论体系，以及社会主义核心价值观的学习等。时代是向前发展的，在对这些内容进行学习的过程中，也必须紧密联系现代理论的发展，这对大学生正确世界观、人生观、价值观的形成具有重要的教育意义。对于大学生思想政治课程教学来说，也只有加入现代最新理论发展，才可以赋予理论教育无限的生命力，这样理论教学也才更具有实践性，也更容易被大学生所理解和接受。

（三）人文性

人文性，顾名思义，主要指的就是人的文化，指的是人的现代化，社会主义的本质就是要实现人的全面发展，因此大学生思想政治课程教学不可避免地就带有人文的特性。习近平新时代中国特色社会主义思想等理论体系就是在以人为本的基础上，中国共产党不断自觉认识人类社会发展规律，对中国社会的科学发展具有重要的指导意义。当前在大学生思想政治课程教学中，更加注重以学生为本，在对学生进行教育的过程中，同时关心学生的生活，这样就将塑造学生和服务学生，校园文化建设与学生健康成长有效地结合了起来，充分体现出了对大学生的人文关怀。

重视对大学生的人文关怀，必须从当代大学生的思想实际出发，树立民主、平等、沟通和协商的新观念，把大学生思想政治课程教学做细、做活、做实。要深入细致地研究当代青年思想中的热点、难点和疑点问题，提高他们的人文素质，培养他们的人文精神。要加大校园文化建设的力度，通过各种形式的校园文化活动营造健康、文明、向上的生活氛围。要不断延伸大学生思想政治课程教学的覆盖面，使思想政治教育工作进公寓、进社团、进网络。

（四）灵活性

大学生思想政治课程教学的方法具有灵活性。在大的时代背景下，随着改革开放的深入和社会主义市场经济体制的发展，思想政治课程教学方法也不断改进和加强。思想政治教育面对着大学生群体时，大学生思想政治课程教学工作者要把握当代学生身心发展的规律，紧跟时代步伐，着力在方法上创新。对于不同时期、不同层次学生反映出来

的现实思想和行为，都要对症下药，有的放矢。学生思想上的问题或不良习惯的纠正，并非谈一次话、开一次会就能解决的，教育工作者要有耐心、恒心，针对不同的问题，不同对待。比较普遍行之有效的方法，归纳起来主要有目标灌输法、积极疏导法、榜样示范法、调查实践法、奖惩结合法等。在这些方法中，还要根据思想政治课程教学的不同任务和对象，转变成思想政治教育工作者更具体的方法而灵活应用。大部分大学生思想政治教育工作者根据多年的实践，都认为目标灌输法、积极疏导法是两个必须采用的方法和路径。

（五）全员性

在大学生思想政治课程教学上，教育者不仅仅是思想政治课程的教师和教育工作的相关人员。作为教育主体的教师、思想政治教育工作者和学生，他们分别具有自适应性，能够与环境及其他主体进行交互作用，具有自身的目的性与主动性。正是在这种个体的主动性及它与环境、知识载体、其他个体，特别是教育者和被教育者的反复相互的作用下，才使得教育目标得以最终实现。大学生思想政治课程教学工作是一项理论性、知识性和实践性很强的综合性工作，必须有一支以专职为骨干、专兼结合、受过系统和科学的培训，并具有一定理论水平和实践经验的工作队伍。高校要调动各方面的力量来积极参与到大学生思想政治课程教学的工作中。

（六）综合性

大学生思想政治课程教学内容是一个综合性的教育内容。综合运用马克思主义理论，对大学生进行理论教育。马克思主义是对社会发展和人的发展进行综合性研究的理论成果，其研究领域覆盖政治、经济、文化、社会和人的思维等多个层面。思想政治课程教学是做人的工作，要运用包括哲学、政治学、教育学、社会学、历史学和伦理学等多学科的教育内容，开展丰富多彩的教育。同时，还要综合协调各方面的力量、综合利用各种教育途径和方法，实施思想政治教育。以上都体现出了思想政治课程教学的综合性。

（七）创新性

创新是历史进步和人类自身发展的永恒动力，创新精神是时代精神的集中体现。高校在全民族创新体系建设中承担着重要历史使命，大学生思想政治课程教学创新是高校创新的重要内容，创新性是当代大学生思想政治课程教学的重要特征。大学生思想政治课程教学的创新包括观念、内容、方法、手段、机制等方面，通过上述方面的创新，目的是实现大学生思想政治课程教学由传统向现代的全面转型。

在教育观念创新上，要实现封闭式教育向开放式教育转变，由补救式教育向前瞻式教育转变，由隐性教育向显性教育转变，由模式化教育向个性化教育转变；在教育内容创新上，要加强全球化教育、创新素质教育、人文素质教育和个性化教育；在教育手段

创新上，要充分利用现代教育技术发展的成果整合大学生思想政治课程教学资源，实现大学生思想政治课程教学的科技化；在教育方法创新上，要把灌输法和体验法相结合，他教法和自教法相结合，激励法和人格法相结合，传统教育法和现代教育法相结合；在教育机制创新上，要建立科学的管理机制、充分的保障机制、有效的激励机制和全面的评估机制。

在大学生思想政治课程教学创新过程中，要注意借鉴中国传统道德教育的精华，继承和发扬党的思想政治教育的优良传统，同时要辩证地吸取国外大学生思想道德教育的有益成分。

第三节 大学生思想政治课程教学的任务

大学生思想政治教育的目的，是培养学生成为德智体美劳全面发展、又红又专的社会主义建设人才。这个目的贯穿于学校教育过程的始终，也由此决定了大学生思想政治教育的任务。

大学生思想政治教育的任务，就是用共产主义思想体系教育学生，启发和提高他们的无产阶级思想觉悟，使他们树立正确的立场、观点，掌握正确的思想方法和工作方法，并在实践中提高他们对世界的认识和改造能力，把他们培养成为德智体美劳全面发展的社会主义建设人才。社会主义建设者和接班人是对社会主义劳动者的统一要求，即在社会主义建设中是合格的建设者，在社会主义革命事业中是可靠的接班人。具体而言，主要体现在以下几个方面。

一、培养德智体美劳全面发展者

德智体美劳全面发展是大学生思想政治教育的目标内涵的体现，而通过对大学生进行德育、智育、体育、美育和劳动课的教育，达到大学生德智体美劳的全面发展。

（一）德

德即品德，是大学生全面发展诸方面的主要组成部分，是指教育者按照一定的社会要求，有目的、有计划、有系统地对大学生施加思想、政治和道德等方面的影响。大学生通过积极认知与践行，从而形成社会所需的品德。良好的品德能确保大学生沿着社会所期望的方向发展，不仅是大学生智体美劳方面发展的保证，也是推动大学生智体美劳方面的发展的动力和能源。

1. 道德品质和文明习惯

道德品质和文明习惯使大学生进一步认识到个人的成长发展与他人、集体、国家和

社会、民族之间的关系，使之具有国家利益、集体利益和个人利益相结合的集体主义精神，热爱劳动，自觉遵守社会道德规范，具有艰苦奋斗的精神和强烈的使命感和责任感；诚实守信、勤劳敬业、谦虚谨慎、乐于助人、尊敬师长、礼貌待人、抵制社会不良风气；严格遵守校规校纪，维护校园的安全和秩序。

2. 思想政治觉悟

思想政治觉悟使大学生热爱祖国，具有民族自尊心和自信心，自觉维护祖国的荣誉和各民族的团结；树立全心全意为人民服务思想；拥护党的领导和党的基本路线，确立在中国共产党领导下走中国特色社会主义道路、实现中华民族伟大复兴的共同理想和坚定信念；认真学习马克思列宁主义、毛泽东思想和中国特色社会主义理论体系，树立科学的世界观和方法论，了解国家的基本政治、经济、文化制度，能正确认识人类历史发展规律；有基本的民主与法制观念，自觉遵纪守法，正确行使法律所赋于的民主权利，自觉履行法律所规定的义务，维护学校和社会安定；相信科学，反对封建迷信和陈陋习俗。

3. 个性品质和能力

个性品质和能力使大学生具有自我教育能力，具有良好的人文素质和科学精神，正确判定真善美与假恶丑，富于创新精神，能根据社会的发展变化，树立与社会相适应的责任意识、创新思维、实践能力等观念，具有对社会复杂现象的分析、判断及行为能力；具有良好的个性品质和坚强的意志力，自尊、自爱、自律和自强，具有积极的情感、健康的兴趣、爱好、需求、友谊、成就感和荣誉感，面对困难和失败具有较强的心理承受和调适能力。

（二）智

智即才智，智力，是大学生全面发展的基本组成部分，是指教育者有目的、有计划、有组织地向大学生传授的系统的文化科学知识和技能。智是大学生从事社会主义建设的实际本领，是能否成为对国家有用的人才的重要基础。要使大学生具有高尚的情操、崇高的理想、健康的审美情趣、科学的卫生保健知识，必须依靠知识技能的准备和智力的支持。

1. 基本技能和技巧

基本技能和技巧使大学生获得在日常智力和体力活动中常用的活动方式，具有从事本专业实际工作的基本技能和技巧，如学习技能、操作技能、社会活动技能等。特别要培养大学生的创新能力和实践能力。大学生具有创新意识和创新能力是成为高素质人才的保障，是在未来竞争中赢得胜利的关键。实践能力也是一种很重要的素质，大学生既要有很强的动脑能力，也要有相应的动手能力，以便学以致用。

2. 系统的文化科学知识

系统的文化科学知识使大学生具有合理的知识结构，既有精深的专门知识，又有广博的知识面，形成未来事业发展实际需要的合理而优化的知识体系，主要包括人文社会科学知识、自然科学知识和专业知识。其中，人文社会科学知识是人文科学和社会科学知识的总称，包据哲学、经济学、政治学、法学、文艺学、伦理学等方面的基本知识和方法。自然科学知识是人类改造自然的实践经验即生产斗争经验的总结，是关于自然界的物质形态、结构、性质和运动规律的知识，包括数学、物理学、化学、天文学、气象学等基础知识和农业科学、生物学等实用科学知识。专业知识，是指一定范围内相对稳定的系统化的知识，是指从事本专业实际工作的基础理论和基础知识。大学生要努力掌握本专业比较系统扎实的理论基础和应用技能，不断拓展自己的知识领域，提高人文素质和科学素质。

3. 发展智力

发展智力使大学生具有良好的观察能力、想象能力、形象思维能力、创造能力、自学能力和分析问题、解决问题的能力；拓宽视野，发挥大学生的志趣和特长，具有实事求是、独立思考的科学态度和不断追求新知识的精神。

（三）体

体即身体，是大学生全面发展的基本组成部分，体育是指教育者向大学生传授有关的基本知识、技术和技能，以身体练习为基本手段，发展身体，增强体质。身体是大学生全面发展的生理前提，是智力活动和其他一切活动的基础。正如毛泽东所说："体者，载知识之车而寓道德之舍也。"大学生的身体素质具有先天遗传性和个体差异性，健康的体魄是大学生全面发展的基础和保障，是大学生为人民服务的基本条件，是中华民族旺盛生命力的体现。

1. 身体素质

运用各种适当的方式，有计划、有组织地指导大学生锻炼身体，促进身体的正常发育和技能的发展，增强体质，使大学生具有健康的体魄和从事生活、生产所需的身体活动能力；掌握基本的体育锻炼的基础知识、基本技能、技巧和方法，逐步养成自觉锻炼的习惯。

2. 体育道德品质

体育道德品质使大学生具有良好的体育品德。体育是人类精神文明的重要领域。通过体育，使大学生具有团结友爱的精神、勇敢顽强的意志、活泼开朗的性格。

（四）美

美即审美观，是大学生全面发展中不可缺少的组成部分，是指教育者通过各种艺术

及自然界和社会生活中的美好事物进行审美教育，使大学生具有正确的审美观及认识美、鉴赏美和创造美的能力，具有高尚的情操和文明的素养。

1. 审美观

以辩证唯物主义的文艺观点和理论武装大学生，使大学生逐步形成马克思主义的文艺观点和审美标准、审美的比较及分析能力，提高精神境界，能区别真善美与假恶丑；具有感受现实美、艺术美及审美的想象能力；陶冶性情，逐步形成高尚的审美情感，抵制各种精神污染。

2. 审美的知识与能力

使大学生掌握各门艺术的基本知识，具有正确理解和善于欣赏美的知识与能力，能以马克思主义的审美观分析和评价艺术作品和社会上的美好事物，懂得各种艺术表现方法和特点；具有良好的艺术修养和对艺术活动的兴趣与技能，逐步提高审美的能力，丰富精神生活。

3. 审美实践

使大学生不仅具有感受美和欣赏美的兴趣与能力，还具有创造现实美和艺术美的才能和兴趣，培养各种艺术形式的表演和创作能力；自觉把美体现在生活、学习、劳动和其他行动中，逐步形成整齐清洁、美化环境及生活的习惯；形成健康的志趣和爱好，学会按照美的法则建设生活，认识生活和理想，有美好的情操和健全的人格，达到心灵美、语言美、行为美。

（五）劳

劳即劳动教育，是大学生全面发展中不可缺少的组成部分，是指教育者通过劳动观教育，让大学生参加各种劳动，培养大学生的劳动情感、劳动习惯、劳动精神，从而形成马克思主义的劳动信仰。

1. 劳动观教育

马克思主义认为，劳动创造了人本身。正确的劳动观教育对大学生的思想政治教育意义重大。作为思想政治教育者，要教育大学生树立劳动光荣、尊重劳动、崇尚劳动的意识，让大学生认识到唯有劳动可以创造人类和每个人、每个家庭生存与发展所需的物质财富、文化财富和精神财富。

2. 劳动能力和实践

使大学生不仅具有正确的劳动观和劳动信仰，还要通过各种方式培养大学生动手的能力和参与劳动的能力，自觉把劳动体现在生活、学习等其他活动中，逐步形成爱劳

动、会劳动的习惯；增长劳动智慧，学会生存，创造生活。

综上所述，德智体美劳是大学生全面发展的有机组成部分。各要素之间的相互关系是辩证的，各有其责，不能相互代替，但各部分又相互联系、相互渗透、相互促进，构成一个整体。其中，德是大学生全面发展的思想基础，对大学生全面发展起着保证方向和保持动力的作用；智为其他各方面的发展提供科学知识和智力基础，各要素的实现都不能离开知识技能；健康的体魄为全面发展提供物质基础，是各要素实现的生理保证；美可以促进大学生德智体的发展和提高，渗透全面发展的各个方面，对大学生的身心健康、和谐发展有促进作用；劳贯穿于德智体美各个方面，一个德性好的人、智慧高的人、身体健康的人，必然是一个热爱劳动的人。其德性好者，不但懂得"劳动创造世界"的意义，也必然会做事勤快，工作兢兢业业。因此，大学生思想政治教育的目标要求便是通过实施德育、智育、体育、美育、劳育教育，使大学生成为德智体美劳全面发展的新一代人才。

二、塑造中国特色社会主义建设者

在高校中，加强对大学生的思想政治教育，一个重要的目的就是要培养社会主义事业的合格接班人。大学生作为祖国未来的希望，必须努力塑造自身，成为一个德智体美劳全面发展的人才，同时无论是在实践还是在理论上都要提高对自身的要求。具体来说，主要表现在以下几点。

（一）强烈的社会责任感

在培养社会主义事业接班人的过程中，具有强烈的社会责任感是对其最基本的要求。社会责任感是一种道德情感，是一个人对国家、集体和他人所承担的道德责任。社会责任主要反映的是个体与社会之间的关系，指的是处于社会生活的个体，应该承担起的使命、职责、义务，个人的价值取向应该符合整个社会的利益。大学生是祖国发展的未来，是民族的希望，因此在对大学生进行教育的过程中，必须注重对其社会责任感的培养，这是大学生成为祖国栋梁的前提条件。对于大学生的培养来说，如果只是掌握了一定的专业知识和技能，但是却没有一定的道德责任感，不能正确处理个人利益与国家利益之间的关系，盲目自私，那么其在进入社会之后就不能很好地为国家和社会提供服务，甚至还会为社会的发展造成危害。因此，在对大学生进行思想政治教育的过程中，必须对其进行社会责任感的培养，使其树立正确的世界观、人生观和价值观，将个人利益服从国家利益，承担起个人应当承担起的重任。这不仅是对大学生人才培养的要求，同时也是社会和国家进一步发展的需要。

1. 历史使命

通过教育与引导，使大学生深刻领悟作为社会主义合格建设者，除需要承担普通社

会成员对社会应尽的责任之外，还肩负着在中国共产党的领导下走中国特色社会主义道路，实现中华民族的伟大复兴的重要历史使命，这是当代大学生最重要的社会责任，也是时代赋予他们的崇高使命，直接影响到国家和民族的兴衰。大学生要勇敢地承担起对社会的责任，主动为祖国振兴贡献自己的力量。

2. 个人、集体和国家利益

通过教育与引导，使大学生能正确认识和处理国家、集体和个人的关系，能以国家的前途、民族的命运为重，把个人发展与国家社会发展有机地统一起来；树立集体主义观念，把个人兴趣和社会需要结合起来，根据社会的需求调整好自己的心态和行为方向，能依靠集体的力量，发挥整体优势，去取得事业的成功；重视对国家和社会的奉献，把集体利益放在首位，以个人利益服从集体利益，克己奉公，在必要时牺牲个人利益；勤奋学习，敬业奉献；公正诚信，团结友善，关心集体，艰苦奋斗。

3. 社会责任的认知能力

增强大学生的公民意识，使之形成正确的权利和义务观念，明确权利和义务的含义与内容；能认识到责任就是一种义务，每个公民在充分享有权利的同时，必须承担基本的社会责任，每个公民都要对自身的所作所为承担行为责任，提高社会责任意识；增强大学生的国家意识，使之树立国家利益观，自觉主动维护国家利益；增强大学生的民主思想，使之能正确认识和理解民主与法制的关系，自觉知法、守法、用法，自觉维护他人的合法权利，允许他人进行独立思考和发表不同意见；增强大学生的参与意识，使之能主动积极关心和参与集体的工作与活动，关心社会和国家大事，参与民主管理和监督，积极履行社会责任。

（二）勇于创新

勇于创新是中国特色社会主义建设者的重要内在素质要求。创新是知识经济时代内涵的集中体现，在提升国家综合国力方面起着重要的作用，推动着民族的进步，为国家的发展提供源源不断的动力。如果没有创新，那么这个国家就会失去发展的希望，国际地位也会因此降低。在现代社会，科学信息技术迅猛发展，在这样一个特殊时期，谁能掌握知识和科技创新的能力，谁就掌握了发展的主动性。人才是创新的关键，高校又是培养人才的重要载体，因此对于大学生的思想政治教育，必须朝创新思维的方向培养，为祖国的建设输送更多的人才。创新可以作为评价大学生是否获得成功的关键，因此在对大学生进行思想政治教育的过程中，必须将创新作为对其培养的一个重要目标。

在以往的高校教育中，有不少教师重视共性教育，采用的教学方式通常也是灌输性的，在这种情况下，就导致大学生在接受教育的过程中，失去了自身的主动性特征，在教学内容上也缺乏自主性和选择性。在高校教育中，大学生受到传统文化的影响也很

大，因此在未来发展中，缺乏对自身发展进行总体规划的意识，性格过于保守，缺乏竞争意识，这就在很大程度上限制了大学生创新意识的培养。因此，对于大学生的思想政治教育，必须注重对创新精神、创新意识、创新思维和创新能力的培养，为中国特色社会主义事业的建设培养合格的接班人。

1. 创新思维方式

使大学生改变思维定式、思维惯性和思维封闭，锻炼创新思维，强化创新技能，掌握科学的创新思维方式，如形象思维、联想思维、灵感思维、模糊思维、迂回思维、逆向思维、发散思维、聚焦思维、相似剩余思维等。

2. 想象力

逐步丰富大学生的想象力，使大学生能摆脱具体现象的束缚，可以不依据现成的描述，在头脑中独立地创造出新的形象，将思维的触角指向未来。想象力是人在已有形象的基础上，在头脑中创造出新形象的能力。想象是创造之母，想象能力贯穿于创新活动的全过程，是创新能力的最高表现。在大学生的想象发展中，创新性想象已占据优势地位，这一发展特点为大学生创造力的发展提供了重要的心理基础。通过尊重大学生的个性、丰富其生活经验、提供适合的环境，发展大学生的表象，激发他们想象的欲望；通过营造和谐的氛围，鼓励大学生表达自己的想象，并引导大学生合理地幻想。

3. 创新实践

鼓励大学生在实践中大胆进行创新活动，改变过去死读书、重理论的培养方式，重视培养学生的实践能力，通过实践来培养他们的爱好和创新思维能力；不迷信权威、不唯书；养成对专业学习的兴趣，并在专业学习的基础上拓宽知识面，积极参加课外科研活动，增强创新的自觉性和紧迫感，推动创新潜力的发挥，消除对创新的神秘感，养成创新的习惯。

4. 个性品质

使大学生具有创新意识，培养一种"初生牛犊不怕虎"的创新精神，有一股敢想敢闯敢干的勇气，使之善于大胆设想，敢于标新立异，提出创新性的见解；有良好的精神状态，明确的奋斗目标，不因循守旧、墨守成规；有坚韧不拔的意志和为真理献身的精神，能正确对待创新过程中的苦与乐、顺境与逆境，自觉克服创新过程中畏惧、自卑和懒惰等不良心理。

三、铸就社会主义的可靠接班人

高校实行大学生思想政治教育，一个重要的目的就是培养中国特色社会主义事业的

合格建设者，因此在大学教育中要着重对大学生的基本素养和政治信念进行培养，培养其崇高的理想信念和坚定的政治立场，为社会主义事业的发展做出应有的贡献。

（一）崇高的理想信念

所谓的理想实际上就是一种信念，其与奋斗目标相联系，并很有可能成为现实，也就是说理想是在现实可能性基础上形成的，对美好未来的向往与追求。在社会生活中，理想是人们的精神支柱，无论是在社会发展或是个人发展的过程中都发挥着重要的作用。人们应当树立起崇高的社会理想，其不仅可以有效帮助人们选择社会角色，促进个人价值的实现，同时也有利于社会目标的实现。大学生是祖国的未来，是民族的希望，他们是社会主义事业建设的主力军，承担着实现中华民族伟大复兴的历史重任，大学生的理想追求关系着国家和民族的前途命运。因而，大学生不能没有理想，引导大学生树立崇高的理想信念并为之而努力奋斗成为大学生思想政治教育目标的重要内涵。

（二）要有坚定的马克思主义立场、观点和方法

立场指的是，对自身的认识和处理问题的立足点、出发点、归宿。观点、方式和态度都是由立场决定的。对大学生进行思想政治教育，必须帮助其树立起正确的马克思主义立场、观点和方法，这是他们成长为社会主义可靠接班人的灵魂。马克思主义是被实践证明了的科学的世界观和方法论，包含着优秀的前人思想成果，总结了宝贵的历史经验，是关于自然、人类社会和思维规律的科学认识，具有高度的理论性和科学性，是社会主义国家发展的指导思想，在社会主义核心价值体系中占据着重要的指导地位。

第二章

大学生思想政治课程教学的
内容创新与思想资源

做好高校大学生思想政治课程教学工作的基本前提是明确大学生思想政治教育工作的内容。思想政治教育的内容体现着大学生思想政治课程教学的目标，这些内容的构建不仅直接关系到思想政治教育目标的实现，而且影响着思想政治课程教学的实际效果。大学生思想政治课程教学的内容在一定程度上决定着大学生思想政治课程教学开展的形式，而且这些内容的充实与拓展也在很大程度上丰富着大学生思想政治教育体系中的理论。大学生思想政治课程教学是影响学习者思想的重要方式，其开展需要科学的理论作为基础。大体上说，大学生思想政治课程教学是以马克思主义关于人的全面发展理论为根基，同时借鉴了不同学科的相关理论与经验展开的。

第一节　大学生思想政治课程教学的内容创新

大学生思想政治教育体系中的内容是极其丰富多彩的，其本质是根据社会要求对受教育者开展思想政治方面的培育。教育者首先会对一些价值观念、思想意识、道德规范进行判断与筛选，然后选择出正确的、适合大学生整体素质发展的思想内容并将其输送给他们。在当前社会，随着社会文化多元化的快速发展，大学生思想政治课程教学的内容也呈现出新的特点。为了适应新时代的发展，大学生思想政治课程教学的内容也必须进行拓展与创新，如此才能真正培育出符合社会需求的高质量人才。

一、社会主义核心价值观教育

新时代大学生是未来中国社会主义建设者的接班人，而高校作为培养大学生的重要基地，必然要注重对大学生社会主义核心价值观这一精神高地的培养。社会主义核心价值观教育是大学生思想政治教育、文化素质教育的核心内容，这是引导学生树立正确的世界观、人生观、价值观的关键因素。为此，下面就针对社会主义核心价值观教育展开分析。

（一）社会主义核心价值观的内容

党的十八大用"三个倡导"总结了社会主义核心价值观的内容：富强、民主、文明、和谐是国家层面的价值目标；自由、平等、公正、法治是社会层面的价值取向；爱国、敬业、诚信、友善是公民层面的价值准则。上述社会主义核心价值观十分契合中国特色社会主义发展的要求，不仅符合中华民族传统文化的内容，而且与全世界古老文明所传承的核心文化内容也是一致的。上述短短二十四个字囊括了极其丰富的内容，作为一个完整的有机整体，将会对我国未来的社会主义建设起到重要的指导作用。

（二）大学生社会主义核心价值观教育的意义

大学生社会主义核心价值观教育的意义集中体现在以下两个方面。

（1）大学生社会主义核心价值观教育适应当前社会背景的发展。

当前的社会处于思想比较活跃的时期，各种观念、文化进行碰撞与交融，其中既有有益的也有腐朽的，既有先进的也有落后的，所有意识形态与思想相互影响。我国当前正处于全面深化改革与社会转型的关键时期，在此过程中部分群众会在价值观方面产生迷茫、困惑与疑问，因而必须通过社会主义核心价值观进行强有力的引导。

教育环境是教育系统中的重要组成部分，其包括社会政治、经济、文化方面的状况。一旦教育环境发生改变，教育理念、内容、方法等必然随之也要发生改变。当前我国高校大学生核心价值观教育的大环境已经发生了巨大的变化，这就给高校核心价值观教育的相关部门提出了更高的要求：必须改革传统的大学生核心价值观教育方法，唯有走创新这条道路才能真正适应时代发展的趋势。

（2）大学生社会主义核心价值观教育是大学生健康成长的前提。

教育是国家的立身之本，我国高校的首要任务就是培养社会发展所需要的各类人才。当前经济、文化全球化的发展对高校的人才培养提出了更高的要求，高校所培养出来的人才要适应社会的发展，就必须高度重视大学生社会主义核心价值观的培养，因为一个人即便有良好的知识结构、高效的创新能力，如果没有一定的价值担当也是不可用

的。高校应对社会主义核心价值观的培养给予足够的重视，这样培养出来的人才就有可能是真正的栋梁之才。一个人素质的高低并不完全取决于他自身的文凭学历以及所表现出的技术知识，而是首先取决于他所具有的核心价值观。只有通过社会主义核心价值观的强有力引导，才能帮助高校大学生树立明辨是非的世界观、价值观、人生观，才能保证大学生排除外界干扰，驱除心中杂念，真正践行社会主义核心价值观，从而为党和国家做出贡献。

（三）加强大学生社会主义核心价值观教育的途径

要想加强大学生社会主义核心价值观教育，要从以下两个方面入手。

1. 加强高校建设

高校是大学生价值观形成的主要基地。因此，为了有效培养大学生的社会主义核心价值观，就必须加强高校方面的建设，形成正直的教学风气，让大学生在良好的外部环境中积极树立正确的核心价值观。具体而言，高校可以从以下三个方面着手进行。第一，应重视思想政治课程在大学生核心价值观教育过程中的重要作用。第二，应鼓励全体教职工重视大学生核心价值观教育，树立全面教书育人的理念，形成一个良好的学习氛围。第三，应注重在校园中注入文化、时代风气等，使大学生形成正直、勤奋的学习作风，从而树立良好、健康的校园风气。

2. 加强教师队伍素质建设

教师在大学生社会主义核心价值观的培养过程中起着十分重要的作用，因此，高校应加强教师队伍素质方面的建设，从而为大学生树立较好的学习榜样。具体而言，高校可从两个方面开展教师队伍素质建设。第一，运用内外结合的方式，引进其他地区的优秀教师，在分析大学生心理特点的基础上对他们进行社会主义核心价值观的教育。校内与校外优秀教师进行交流与沟通，学习教学感想与方法，也可以将本校优秀的青年教师派出去工作，进而了解国内比较先进的教学思想与模式。第二，建设一支优秀的教师队伍，这些教师具有理论与实践相结合、多种教学方式进行教学的教学经验，可以有效帮助大学生树立正确的社会主义核心价值观，进而达到提升大学生综合素质的目的。

二、大学生职业道德教育

（一）职业道德的内涵

职业道德与人们的职业生活紧密地联系在一起，它是从职业活动中引申出来的。所谓职业道德，是指从事一定职业的人们在职业生活中所应遵循的道德规范及与之相适应的道德观念、道德情操和道德品质。职业道德是社会主体道德体系在职业活动中的体现。职业道德与职业活动相互联系。从事共同职业的人们，由于有着相似的教育和工作

背景，因此其理想、兴趣、爱好、习惯和心理特征都比较相似，并且在一定的关系下，这些人具有特殊的职业责任和职业纪律。在这种职业责任和职业纪律的要求下就产生了一定的职业道德要求。职业道德是现实社会道德总体体系的一个重要组成部分。它可区分为两个层面，即基础层面和具体层面。基础层面的职业道德是指具体社会的职业道德原则及其规范的抽象，是所有职业所具有的职业道德的总体概括；具体层面的职业道德是指以特定社会的基础层面职业道德作为依据，并根据本行业的特殊要求而制定的具体职业道德要求。从哲学上讲，基础层面的职业道德和具体层面的职业道德之间的关系是一般和具体的关系。

（二）职业道德教育的意义

1. 职业道德教育是加强精神文明建设的重要环节

社会主义职业道德建设是社会主义精神文明建设的重要组成部分，其价值必须显示在促进社会主义物质文明的建设中。抓住职业道德建设，使道德建设与个体的业务工作紧密地结合起来，实现精神文明建设与物质文明建设的协调发展。职业道德教育是为了提高从业人员的职业道德水平，以敬业乐业、勤业精业作为教育内容的基础，以公正、合理、律己、守纪、奉献为职业道德教育的核心要旨。在这种职业道德教育方式的促进下，职业道德教育必定能够为精神文明建设提供有力的支持。

2. 职业道德是社会道德体系的重要组成部分

职业道德因其自身的特点，在社会主义道德体系中占有重要的地位。职业道德与人的职业紧密相连，是针对人的职业行为而制定的道德规范。自有分工以来，职业就是人们日常活动的主要内容。职业道德调整着职业活动范围内人们之间的关系，引导个体的思想道德水平提升。职业道德内容的社会公共性和示范性，对人们的日常活动具有一定的启示作用，对公众的行为有着共同的示范作用和广泛而持久的社会影响力。

职业道德是现实的道德主体，是高度社会化的角色道德。除未成年人以外，社会上几乎所有人都在从事着各种不同的职业。职业生活几乎占据这些人日常生活中的一半时间。换句话说，这些人有一半时间都要受到职业道德的约束。职业道德不仅作用的时间范围比较广，而且作用的对象也十分广泛。职业道德作用的对象是整个职业群体。职业群体的积极向上发展必然要受到职业道德的积极推动。

可以看出，职业道德是一种定向化、专业化而且层次更高、具有示范性的社会公德，在总体上主导全社会的道德体系发展。如果各行各业的职业道德水平低下，违反职业道德准则，行业不正之风横行，社会风气必然会败落；如果各行各业道德水平较高，处处从社会整体利益出发，社会风气必然会大为改观，整个社会的道德水准也会大大提高。

3．职业道德教育是当前道德建设的重要突破口

整个社会的职业道德状况直接影响着人们对社会风气的看法，是人们观察社会的一个重要方面。因此，当前道德建设应把职业道德建设作为首要的工作来抓。各行各业一般都从职业现状出发，制定具体的道德准则。这样的职业道德规范内容稳定，易于执行和监督。

职业道德建设对个人职业生活质量的提高也有着直接的影响。随着现代生产力的提高和社会分工的多样化，人们对生活质量的追求已经超越了物质财富充裕的水平，而且还包含心灵上的满足和精神世界的富足。通过职业道德建设，实现对职业者职业道德的引导，提高他们的劳动积极性，增强其事业心，使他们感受到职业不仅能够给他们带来物质上的享受，还有精神上的愉悦，满足其精神需求。

（三）大学生职业道德教育的内容

大学生要具备良好的职业道德精神，就要强化职业意识，夯实专业基础，重视职业实践，自觉锤炼职业精神。

1．树立职业理想

职业理想是人生对未来职业的向往和追求。职业不单纯是谋求生存的手段，更是一生所追求的事业，它蕴含着人生的理想和信念。大学生的职业理想是他们人生职业实现的精神支柱，是他们成人、成才、成就人生目标的不竭动力。大学生要正确处理国家、社会和个人之间的关系，树立合理的求职期望值，在学业上奋发进取，锲而不舍地按照自己的职业需要充实、完善自我，才能实现未来人生的职业目标。

2．强化职业意识

职业意识包括职业认知、职业情感和职业意志三个部分。大学生要对职业有一个正确的认知，要了解专业的职业内涵，专业的发展前景，社会地位及所需知识技能，知道将来要从事的职业岗位，从而形成初步的职业认识，对未来职业生活产生初步设想；要对所从事的职业有激情，能够享受到工作带来的乐趣；要对自己的职业有信心，在遇到困难和挫折时，要意志坚强，能够吃苦耐劳，经得住考验和锻炼，保证职业活动的正常进行。

3．夯实专业基础

大学生择业、就业、创业需要以自身能力和素质为基础，因此要充分利用大学美好时光，既注重系统的专业知识的学习，较完整地了解和掌握专业领域的状况，把握自己未来的职业定位，在此基础上形成良好的职业情感，还要注重课堂外非专业知识的学习，拓展知识面，开阔视野，锻炼职业能力。机会总是青睐有准备的人，一个人有了真

才实学，能够适应多种岗位，就能为社会所接纳，并不断走向成功。

4. 重视职业实践

大学学习虽不是一种职业，但我们可以把大学生活作为一种职业来做，按照职业岗位的要求，制订计划，加强管理，节约成本，讲究效益；遵守规章制度，遵循道德规范，提高道德修养；勤奋刻苦学习，构建知识结构，锻炼工作能力；强化责任意识，加强团队合作，培育职业精神等。

大学生要积极参加校内的实训实践活动，把它当作一种职业训练，在专业教师的指导下，在模拟的校内工作环境中，运用理论知识，解决实际问题，锻炼职业能力；在校园之外，大学生可以积极利用假期参加社会实践，多接触社会，多接触职业生活，多积累职业经验，提高职业素质。

三、大学生心理健康教育

在当前社会中，心理健康教育已经成为一个时代的课题。通常而言，一个人心理健康的标志包括：崇高的理想，健全的人格，和谐的人际关系，坚持不懈的努力，稳定的情绪，乐观的人生态度，爱岗敬业，遵纪守法，维护社会公德。

大学生心理健康教育关系着学生未来的成长与成才，同时关系着国家、民族的未来发展。对于我国大学生而言，高校的全方位开放为他们的成才提供了广阔平台，但其中同样存在着激烈的竞争。大学生能否成才不仅要看其所掌握的知识、技能，还需要看其心理健康的程度。可以说，提高个人修养、保持心理健康、增加人格魅力、优化心理素质是每一个大学生都应该去实现的重要目标。

（一）心理健康的内涵

对于心理健康的内涵，相关学者认为其有广义与狭义之分。广义的心理健康指的是一种高效且满意的持续心理状态。狭义的心理健康指的是人的基本心理活动过程与内容的完整、协调一致。综合以上两点，这里将心理健康的内涵界定为"生活在一定社会环境下的个体所持有的一种良好的心境，该个体拥有积极的认知活动、意志行动与情绪反应，并且具有合理的调控能力，能充分发挥自己的身心潜能"。

（二）大学生心理健康的标准

根据大学生的心理发展特点与规律，相关学者经过研究提出了一套符合大学生心理健康的标准。

1. 客观的自我认识

对自我有一个客观认识是大学生心理健康的一个标准。所谓对自我的客观认识，指

的是公平、客观地评价自己，既不高估，也不贬低。大学生在心理上应该保持一个平和的心态，努力挖掘、发展自身的潜在能力，通过自身努力取得成果，实现自身价值，切不可因为自身的缺点而对社会的不公正产生抱怨心理。

2. 有效学习与工作

有效学习与工作是指大学生可以正常、有效地发挥自己的聪明才智，经过自己的努力可以取得一定的成绩、成就，同时在这一过程中体验到成功的乐趣与满足感，这是大学生心理健康的基本标志。

3. 适当的情绪反应

这方面是指大学生对自己的心理情绪有控制能力，当遇到困难、坎坷、打击时能够及时调整自己的心态，平复情绪，尽快令自己恢复到正常的生活状态，不能长时间受到不良情绪的影响甚至自暴自弃。大学生在心理情绪上应该保持自信、开朗、愉快、满足，对生活抱有希望，善于寻找生活中的各种乐趣。

4. 统一的人格

大学生保持人格统一这一心理健康标准主要体现在三个方面。第一，拥有正确的世界观、人生观、价值观。第二，可以统一自己的目标与行动，保证自己人格的一致性。第三，人格统一并不意味着人格的一成不变，而是要随着客观情况的变化而变化，并且要在变化中协调各个方面，进而促进人格的发展与完善。

5. 和谐的人际关系

对于这点，大学生需要注意以下三个方面的表现。第一，在与朋友、同学、家人等身边人交往的过程中要持有信任、尊重、友爱、赞美等肯定的态度，少用怀疑、蔑视、憎恨、嫉妒等否定态度。第二，在与人交往时要对自己充满自信，与别人和睦相处，保持自己的人格与尊严。乐于帮助他人，对他人的评价相对客观。第三，在自己所处的集体如班级中，要通过自身乐观的情绪感染身边的人，多爱护、关心他们，在特殊情况下可以牺牲个人利益而保全集体利益。

6. 与社会的协调一致

与社会协调一致要求大学生在心理上可以做到如下三点。第一，与社会保持良好的关系，主动了解、适应社会的发展变化。第二，当大学生意识到自己的行为、思想、目标、欲望等与社会利益或者其他大多数人的利益相违背时，可以自动调整或放弃自己的计划，从而与社会保持一致性，逐步建立符合社会整体规范的生活方式。第三，处世态度积极，敢于改造现实不良环境，实现自我与社会奉献的统一与协调。

（三）加强大学生心理健康教育的途径

加强大学生心理健康教育可以从如下几点着手。

1. 转变思想认识上的观念

高校教育阶段必须重视大学生的心理健康教育。在一定程度上可以认为，大学生心理健康教育是思想政治教育的一种有效手段，因而必须引起教师与学生的高度重视。要根据大学生的身心发展特点和教育规律，注重培养大学生良好的心理品质和自尊、自爱、自律、自强的优良品格，增强大学生克服困难、经受考验、承受挫折的能力——积极开展大学生心理健康教育和心理咨询辅导，引导大学生健康成长。

2. 心理健康与思政政治教育相融合

对于高校的大学生而言，心理健康教育主要针对的是学生的心理、情绪等方面的变化与波动；而思想政治教育则重点侧重学生的道德、品性、思想觉悟及个人的认识等方面的提升。实际上，当大学生在成长过程中遇到问题与矛盾时，他们的心理与思想问题是相互交织在一起的，思想上的问题必然会引起心理上的波动，而心理波动同样会影响思想的状态。

对大学生进行教育时仅强调一个方面是很难收到预期效果的。思政教育要根据教育规律及大学生的成长特点来开展，以心理健康教育为切入点，将稳定学生的思想道德觉悟、提高学生的思想政治素质作为教育目标。合理安排大学生的思政、心理健康教育不仅有利于提高他们的思想政治素质，而且十分有利于他们心理的健康发展。

四、大学生国际视野教育

国际视野教育是全球化发展的必然要求，是实现大学生具有全球化视野和国际竞争力的最优途径，是培养创新型人才的重要方法，是造就国际化大学生人才的必然选择，当代高校思想政治教育应当并具有国际视野教育。大学生国际视野教育应该包括适应全球化发展和国际需求的态度、知识、思维、技术、能力五个方面和层次的教育。

（一）国际态度教育

国际视野教育中的态度是指大学生需要具备适应国际化战略发展要求的多种意识和态度，包括民族意识、世界意识、坚定中国特色社会主义方向意识、终身学习意识、了解世界文化意识、鉴别社会思潮意识等。民族意识是指大学生在国际交往、工作中需要知晓中华民族历史、优秀传统文化、中华传统美德，具有民族自尊心、民族自豪感、民族认同感、热爱祖国等；世界意识是指大学生在处理各种问题时能够充分考虑国际因素，关注科技进步，关心全球治理问题；坚定中国特色社会主义方向意识是指大学生在国际交往、工作中应坚持中国共产党领导，坚定社会主义共同理念，为中国特色社会主

义国家谋取利益；终身学习意识是指大学生应具有事物是不断发展变化的认识，主动了解、接受、运用新事物，放眼全球，始终不断地学习提高；了解世界文化意识是指大学生应该承认世界文化的多样性，主动了解世界各国，特别是文明发展程度较高国家的文化；鉴别社会思潮意识是指大学生在接触各种良莠不齐的社会思潮时应保持"去其糟粕，取其精华"的意识，始终保持正确的世界观、人生观和价值观。

（二）国际知识教育

国际视野教育中的国际知识是当代大学生所需的知识支撑，包括国际形势、国际政治、世界历史、国际礼仪、国际交往规则、国际基本法律知识、国际语言知识、宗教知识等。国际形势是指在国际风云瞬息万变的时代大背景下，大学生应通过有效方式了解国际各种情况和大事件的发展变化，并能判断其发展趋势；国际政治是指大学生应了解和掌握世界各国，特别是主要大国的政治制度、政治现状、政治趋势情况；世界历史是指大学生应了解和知晓世界各国，特别是主要大国的历史情况，更好地了解和判断各个国家人民的思维习惯和价值取向；国际礼仪是指大学生在与外国人交往中，行为方式要尊重其习惯，避免因伤害其风俗信仰而造成误解；国际交往规则是指大学生应熟悉国际商务知识，通晓国际商务惯例，并能熟练运用和处理问题；国际基本法律知识是指大学生要了解和通晓基本的国际法律，以及一些主要大国或业务交往国的法律知识；国际语言知识是指大学生应至少掌握一门国际通用语言，能够做到基本的听、说、读、写，能够与外国人进行流畅沟通；宗教知识是指大学生要了解不同宗教的教义教规，知晓不同国家、不同地区人民的宗教信仰状况，避免因宗教无知导致不必要的冲突。

（三）国际思维教育

国际视野教育中的国际思维是指当代大学生应具有先进的思考问题的方式，主要包括竞争思维、合作思维、问题思维、战略思维、时间思维、媒介思维等。竞争思维是指大学生在从事国际工作、处理国际事务时应具有"国际一流，勇于担当"的积极精神，以在日趋激烈的国际环境中处于有利地位；合作思维是指大学生应将个人目标与团队目标紧密结合，并与团队成员并肩工作，形成巨大的团队优势；问题思维是指大学生应具有预见问题、发现问题、分析问题、解决问题的能力，将各种不利问题和矛盾解决在"萌芽"状态；战略思维是指大学生在国际交往、合作和工作中应具有战略眼光，考虑全局发展，拥有巨大的决策勇气和准确的预见力；时间思维是指大学生应该具有短期、中期、长期的发展计划，在处理具体工作和事务中应该具有准确的时间观念，珍惜分秒时间；媒介思维是指大学生应该重视传播媒介的重要作用，将传播媒介作为获取重要信息的途径和开展工作的重要手段。

（四）国际先进技术教育

国际视野教育中的先进技术是当代大学生应具有的技术支撑，主要包括新媒体技术

和专业知识技术等。新媒体技术在国际化主导下在一定程度上有超越国界的统一趋势，大学生应熟悉互联网特征，掌握互联网技术，如熟练使用文字处理办公软件、网页制作软件、数据库统计分析软件等；专业知识技术是指大学生从事具体职业或行业所需要的专业知识技术，应确保自身专业知识技术能够与国际先进水平接轨。

（五）国际能力教育

国际视野教育中的国际能力是当代大学生应具有的有利于促进工作开展、自身发展的各种能力，主要包括心理抗压能力、国际沟通能力、国际交往能力、批判创新能力等。心理抗压能力是指大学生面对激烈的国际竞争，要有良好的心理承受能力，能够自我或通过其他途径排解排除巨大压力，保持心理健康；国际沟通能力是指大学生能够站在他人的立场上思考问题，尊重他人，欣赏和听取他人的意见，以赢得对方的肯定，促进工作顺利开展；国际交往能力是指大学生能够以开放的态度了解、掌握、适应和参与世界多元化发展，并不断建立、维持和发展良好的国际关系；批判创新能力是指大学生在国际交往和工作中应具有分析判断能力，对不良事务要敢于批判，并能够创造性地开展各项工作。

第二节　大学生思想政治课程教学的思想资源

大学生思想政治课程教学经过了多年的实践积淀，俨然退去了青涩，形成了一个有机的体系。但大学生思想政治教育体系的形成不是只包含一些思想政治课程教学本身的内容，而是既包含相关的理论体系，也包含与相关学科的紧密联系。开展大学生思想政治课程教学不能只看到大学生思想政治课程教学本身，而要将其与别的学科联系起来，看到其他学科与它的相似处，总结其他学科并为思想政治教育活动提供的借鉴，同时总结国内外关于思想政治教育活动的优秀经验，不断给大学生思想政治课程教学注入活水，这样才能使我国大学生思想政治课程教学更加丰富多彩，更能发挥它的实效性。

一、马克思主义是指导思想

（一）马克思主义关于人的全面发展理论

当代思想政治教育方法论发展有其深厚的马克思主义理论基础。[1]结合大学生思想政治课程教学实际，下面主要介绍马克思主义关于人的全面发展理论。

1. 人的全面发展理论的提出

人的全面发展问题的提出最早是针对私有制条件下的旧式分工的，旧式分工造成

---

1 邹绍清. 当代思想政治教育方法论发展研究[M]. 北京：人民出版社，2013：39.

了劳动者片面地、畸形地发展。古代社会的生产形式主要是手工生产，劳动者依靠经验积累生产技能，从而只需要付出体力劳动，而资本家只需要管理和控制劳动者就可以获得财富，这样的分工方式使得无论是劳动者还是资本家的个人发展都是片面的、不完整的。在这种不平等的生产关系下，资本家通过土地获得高额报酬，但是却没有掌握土地生产的相关技能，劳动者终日劳作，付出了更大的体力，却不能获得对等的生产酬劳。这种片面、畸形的生产形势影响了资本家和劳动者的全面发展，拉大了社会间的差距。

随着工业革命的进行，科学技术有了飞速的发展，大机器生产使得社会化生产得到普及，社会分工向着精细的方向发展。这种社会现实使得劳动者开始转向固定岗位，进行机械、重复的劳动。细化的社会分工使人们固守重复性工作，因此不能得到全面发展。

在社会发展与科学进步的双重带动下，社会需求与机械劳动造成了一定的矛盾。针对此问题，马克思主张人的解放，提出利用教育的力量，帮助青年人掌握不同生产系统，获得不同工作环节中的知识，进而人们可以根据自身兴趣与需求进行工作的选择。马克思的这个主张就明确表明了人的全面发展的思想。

2. 人的全面发展理论的内涵

马克思主义在本质上是想要实现人的自由和解放，从而促进人的自由和全面发展。从这个意义上说，人的全面发展理论是其核心内容。下面主要对人的全面发展理论的内涵进行总结，并为大学生思想政治课程教学提供重要的思想资源。

（1）提高人的能力

马克思在《1844 年经济学哲学手稿》中指出："劳动这种生命活动，这种生产生活本身对人来说不过是满足他的需要即维持肉体生存的需要的手段，而生产生活就是类生活。这是产生生命的生活。一个种的全部特性、种的类特性就在于生命活动的性质，而人的类特性恰恰就是自由的有意识的活动。生活本身仅仅成为生活的手段。"[1]

由此可以看出，人的类特性就在于自由自觉性。劳动作为人的根本实践活动，创造了人，也造就了人的类本质。因此，劳动能力的强弱和劳动水平的高低，直接决定并且反映着人的自由自觉性的发展程度，只有人的劳动能力得到了全面发展，才能够为人的自由全面发展奠定重要的基础。通过劳动，人类的劳动能力才能得到发展，人类的全面发展才能进行，从而为人类自由自觉的发展奠定基础。

---

1 中共中央马克思恩格斯列宁斯大林著作编译局. 马克思恩格斯全集（第 42 卷）[C].北京：人民出版社，1979：96.

（2）满足人的需求

马克思认为，由于人类的本体需求才持续推动着社会和人类文明的不断发展，人类意识活动才能进行更新与推进。

人的需求带有多样性和层次性，具体包括物质需求和精神需求两个方面。物质需求和人类的衣食住行息息相关，精神需求又可以细分为自我发展需求和自我实现需求等。

据此，马克思认为，人类的需求是充实人类本质力量的有效证明。随着时代的发展，人类的需求变得更加多样化。需求种类的增多，促使人类去实现需求。这种需求实现的过程又推动着社会和人的全面发展，最终促进人类社会的全面进步。

（3）丰富社会关系

人的本质属性是社会性，因而人是社会中的重要组成部分。人的发展与其社会关系紧密相连。马克思在《关于费尔巴哈的提纲》中指出："人的本质不是单个人所固有的抽象物，在其现实性上，它是一切社会关系的总和。"[1]任何一个人的能力的形成、发展和完善，都离不开特定的社会关系。人的社会关系的发展，是个人形成的社会关系日益普遍化、全面化的过程。

每个人都有自己的社会圈，每个人每天都在同他人交往着，只有在同他人交往的过程中，人才能发展，所以说，个人的发展通常取决于与他发生交往的人。因此，个人的发展与其社会关系息息相关。一般来说，在个人所进行的社会活动中，交往程度越高，所涉及的交往人员就越多，因而社会关系便越复杂。在这种高程度的社会交往中，个人的提升空间逐步加大，对信息的获取量也会提高，对个人知识、技能、经验的积累也大有裨益。

（4）促进个性发展

人类的发展分为不同的阶段，从总体上说，分为以下三个阶段。

第一，依赖人阶段。在人与人的依赖阶段中，人的个性被隐藏在社会交往之中。

第二，依赖物阶段。在这个阶段，人类开始依赖物，独立性得到了凸显和发展。

第三，自由个性阶段。在这个阶段，人类的个性得到全面发展。这种发展是以社会和生产力的高度提高为基础的。社会财富增加，人类可以享受物质财富带来的满足，发

---

1 中共中央马克思恩格斯列宁斯大林著作编译局. 马克思恩格斯选集（第 1 卷）[C]. 北京：人民出版社，1995：60.

展自身的喜好，自由个性得到凸显。

总体而言，人的全面发展，主要注重于人的个性的自由而全面的发展，发展程度如何，则代表了人的全面发展的优劣程度。

（二）马克思主义实践理论

在马克思主义看来，唯物史观始终是围绕着"人"来展开的，并对现实中的个人十分关注。在大学生思想政治教育活动中，无论是教师还是学生，他们在传播或接受、教授或学习的过程中都体现了人的主观能动性，都是参与了实践活动的现实个体。因此，实践活动特有的本质就决定了大学生思想政治教育实际上是一项有意义的实践活动。在马克思主义实践理论中，只有"人"才有实践活动，实践活动与人是绑在一起的。客观性与主体性、受动性与能动性相统一是实践的本质特征。实践活动的这些对立又统一的特征决定了思想政治教育存在的价值。

一方面，实践活动是人的主观能动性的体现，是人的主观思想意识活动的结果。在实践活动中，体现了人的意识的目的性和功利性，因而，实践活动是一种主体性和能动性的活动。现实中，人的思想水平往往会对实践活动产生一定的阻碍作用，往往出现跟不上变化了的实际情况的现象，因而人要积极进取，活到老学到老，不断提高思想认识水平，对于稍有偏颇的价值取向不断矫正，不断积极调整精神状态，从而在整个实践活动中精神饱满，充满活力，能够在实践活动中坚持正确的价值取向，保证实践活动的主体性、科学性和有效性。

另一方面，实践活动是人的主观能动反应的体现。实践活动是在"不受他们任意支配的界限、前提和条件下"[1]进行的，充满客观性。在整个实践活动中，通常会有物质活动与精神活动两个方面的主要内容。这两个内容同时也是实践活动的前提和条件。而并非所有的物质与精神活动都是积极的，也有相当一部分是消极的。因此，在具体的实践活动中，要正确处理消极的因素，强化积极因素，从而保证实践活动的成功，并产生正面的社会效应。从上述两方面的情况看，从思想政治教育的产生到存在，每个阶段都具有客观实在性，这本身就源于实践活动和实践发展的需要。

二、对其他学科理论的借鉴

大学生思想政治教育是一门系统的学科，由于其学科特殊性，在其发展过程中，需要不断结合社会发展，并借鉴其他学科的相关理论来完善自身。本节就思想政治课程教学对其他学科的理论借鉴进行理论总结。

---

1 中共中央马克思恩格斯列宁斯大林著作编译局. 马克思恩格斯选集（第 1 卷）[C]. 北京，人民出版社，1995：72.

（一）对人才学理论的借鉴

人才学是通过研究成才主体内在素质的变化，从而揭示人才产生和发展规律的学科。人才学研究揭示出人才产生和发展的运动过程表现为育才阶段和用才阶段。人才学与思想政治教育学有密切关系。思想政治教育学非常注重"为谁培养人、培养什么人和如何培养人"的问题，大学生思想政治课程教学的基本任务和根本目的就是为国家和社会培养现代化建设所需的人才。因而，了解人才学的相关理论知识，对于思想政治教育具有十分重要的意义。

1. 对人才教育的借鉴

人才学中对人才教育的相关知识可以应用到大学生思想政治课程教学的过程中。

（1）人才成长规律

人才学认为，成才是人发展到一定阶段的产物。人才成长带有一定的规律性和阶段性，主要可以分为内在素质优化阶段，外在活动质变阶段和社会承认阶段。内在素质优化主要包括三个方面。第一，通过人才主观能动性的活动，提高自身的德、识、才、学、体五方面素质的统一。第二，通过外在的活动提高人才的创造性劳动成果。第三，得到社会的承认。其中社会的承认是人才素质优化的重要阶段，主要指的是社会对人才的素质和劳动成果进行检验后的肯定和承认，内在素质优化在社会承认后结束，并进入人才发展阶段。

在人才发展阶段中，通过不同的才能展示与社会承认，人才能力得到不断发展。人才学对个体人才的成长规律的认识也值得大学生思想政治教育借鉴。大体上说，人才学认为个人成长的规律包括：创造实践成才规律、顺势成才规律、协调成才规律、全面发展规律、蓄积成才规律。

（2）人才素质开发规律

大学生思想政治课程教学主要通过对人才思想和素质的开发，激发其行动力，从而进行社会实践，满足自身和社会的需求。人才学理论中对人才开发的规律能够有效指导大学生思想政治教育的相关教学工作。

所谓人才素质指的是人才先天和后天素质的总和。人才素质和其他一般素质有着一定的区别，因为人才素质对人的层次要求更高，通过对人体潜能的开发能够创造出更多的预期财富。

大体上说，人才素质主要包括生理素质系统和心理素质系统两个主要结构体系。心理素质系统又能细分为智能素质与非智能素质两个子系统。其中，智能素质系统包括知识系统和能力系统，非智能素质系统包括思想品德系统与心理品格系统。人才素质开发

的必要条件包括：了解人才素质的基本原理、结构、功能；优化人才素质、促进人才成长；发挥人才的素质功能；加强人才队伍建设。

在大学生思想政治课程教学中，教学者了解人才开发的必要知识能够有效指导教学实际。根据不同的教学条件与学生标准，教学者在人才开发规律的引领下，能够对学生素质与结构进行科学、有效的剖析。加之科学教学方法，高校大学生的思想政治素质与能力素质都能得到显著提高。

2. 对人才使用的借鉴

人才培养的最终目的是能够使用人才，将人才的潜能发挥到不同的社会生产实践中，大学生思想政治教育也是人才培养的重要一环，因此可以借鉴与吸收人才学中关于人才使用的相关理论。

（1）人才识别规律

人才学中关于人才管理有具体的论述。对人才进行管理与使用，首先需要对人才进行甄别，从而发现人才。

人才识别又被称为"人才鉴别"，指的是在一定的范围内，按照一定的要求，通过具体灵活地选用规则，利用考试、考察、评选等方式对人才进行的选拔活动。通过人才识别能够有效发现优秀人才，促进人才潜能的发挥。在人才选用过程中，遵循科学的人才选用原则十分有必要，主要包括：公正公开原则、任人唯贤原则、德才兼备原则。人才选用的方式主要包括：考任制、选任制、委任制、招聘制、荐举制。需要指出的是，进行人才选择并不是通过一次考核就能决定的。在选入人才后，还需要对人才进行定期的考核，对人才的素质与道德做出一定的评价，从而不断激发人才的潜能。

（2）人才使用规律

人才在任用、配备、使用过程中也有一定的规律可循，主要包括：坚持党的领导；坚持人才为国家和社会所用；坚持人才的使用要根据具体情况进行，与社会现实相联系；坚持任人唯贤，有效利用人才；尊重人才，坚持以人为本。大学生思想政治教育是为社会主义建设事业培养优秀人才的重要"供给站"，因此通过人才学的相关理论有利于思想政治教育工作的科学展开，也有利于优秀人才的发现与培养。

（二）对社会学理论的借鉴

社会学指的是通过特有角度，对社会、社会主体、社会关系等进行的综合性研究。概括来讲，社会学就是研究社会问题的学科。

社会学的研究领域十分广泛，与人的生活息息相关。在大学生思想政治课程教学中借鉴社会学的相关领域，能够提高教学的实用度与应用性。

1. 人的社会化理论

在社会学中，对人的社会化问题十分关注，这个问题也是思想政治教育的基本研究问题之一。

大学生思想政治课程教学的主要任务是使人融入社会，使人的思想意识与社会意识受到社会化的熏陶。因此，在人社会化的过程中，思想政治课程教学是一个有效途径，能够帮助人们树立远大的理想并培养高尚的道德品质，从而明确自己的社会职责和行为规范。从这个意义上说，思想政治教育是指导人社会化的过程。

2. 社会学的指导性

社会学对大学生思想政治课程教学带有指导性，主要包括以下几个方面。

（1）社会化对思想政治课程教学的影响

在个体社会化的过程中，会发生几方面的变化。第一，社会化能够提高人类的基本生活技能。第二，社会化能够使人了解基本的社会行为规范，促进社会的有序运转。第三，社会化能够明确个人地位及在社会上所扮演的角色。

"社会关系是人们在共同的社会活动中所结成的物质关系和思想关系的总和。"[1]对个体的社会化本质上指的是对个体社会关系的再生产做出探究。而个体社会关系的再生产中，重要的组成部分就是个体的社会思想关系再生产。

社会思想关系是社会生产关系的一部分，人类的观念和意识形态会折射出一定的社会思想关系。思想对行动具有一定的支配作用，从社会化的角度看，处理社会思想关系对整体社会发展的影响也不容小觑。从这个角度上说，对社会化思想的再生产，诱导社会思想教育的产生。

（2）在社会学理论下开展大学生思想政治课程教学

在社会学理论指导下开展大学生思想政治课程教学，包括几个基本内容。第一，对学生灌输生活目标和培养价值观念。在社会上，每个人都有自身的个体生活目标。这种社会目标，在具体的人生观的指导下，通过个体努力来实现。在大学生思想政治课程教学中，应该强调个体发展对社会需求与利益的满足。对学生进行生活目标和价值观的培养，能够帮助学生树立集体主义价值观，更好地投身于社会主义建设中。这种思想培养是个人社会化的过程，同时也是大学生思想政治课程教学的重要内容。第二，教导学生社会生活规范。所谓社会生活规范，指的是人们社会行为的规矩和准则。这种规范是在

---

1 王康. 社会学词典[M]. 济南：山东人民出版社，1988：237.

社会互动过程中所衍生的，对维持社会正常秩序也有积极的导向作用。社会规范是社会关系的重要组成部分，同时也是个人社会化的重要内容，能够体现出不同社会阶段人类的精神文明程度。在大学生思想政治教育中，对社会规范的教育是其重要内容之一。大学生思想政治课程的根本目的是教育和培养学生，使其成为一名德智体美劳全面发展的好学生，在以后走上工作岗位是一名好员工。因此，教授相关社会生活规范十分有必要。第三，培养学生对社会角色的适应。大学生思想政治课程培养学生对社会角色的适应是其重要目标。因为学生马上就要步入社会，面临着学生角色和社会角色的转变。在大学生思想政治教育中，帮助学生消除角色差距，克服角色冲突，能够为大学生日后适应社会带来很大的帮助。

（三）对心理学理论的借鉴

1. 借鉴心理学的基本理论

（1）借鉴需要动机理论

① 关于需要理论的界定。需要理论认为，人的一切行为都是受本能需要的直接刺激而产生的。虽然人有满足自己需要的基本特征，但是大多时候人们都是从理性的角度考虑自己的需求和动机的，因此人们能够自觉调整自己的需要、动机和行为。

在心理学中，需要动机理论给了我们重要的启示，那就是在当前社会条件下，人们的需要在不断增长，既有物质需要，又有精神需要，在大学生思想政治教育中，这也是教育者应该考虑到的问题，满足学生的需要是思想政治教育的重要目标之一。如果高校思想政治教育工作者没有从学生的需要出发，脱离了满足人们物质需要和精神需要这一基本原则，势必软弱无力，缺乏吸引力和说服力从而影响教育效果。从事思想政治教育工作的管理者，在进行思想政治教育工作的安排和规划时务必要对学生的心理特征及其个人需求进行透彻的分析和了解，从而有针对性地对思想政治教育工作进行设计，争取达到最好的教育效果。

② 需要动机理论对大学生思想政治课程教学的指导。

首先，思想政治课程教学应强化和提升学生内在的自我需要。

作为接受主体的大学生因为这样或那样的需要，应该更加审视自己，更加注意这些需求。从而使教育者对于学生的思想政治教育更加敏感，更有选择性和针对性。需要对于记忆具有制约作用，如果在思想政治课程教学的内容中，有些正是受教育者所缺乏和需要的，此时，大学生思想政治课程教学就更加具有实效性，更能发挥它的效力，更能被广大的学生群体所记住，从而在记忆中产生深刻的印象。如果有的学生对于思想政治课程教学的内容不是很重视，获得这部分知识内容的愿望不是很强烈，此时，思想政治课程教学内容对于这部分学生而言就容易忘记；还有部分学生学习思想政治课程的相关

内容，仅仅是为了应付考试，一旦考试结束，这些学过的内容也很快被遗忘。这都是高校在开展思想政治课程教学时引起注意和改进的方面。因而在进行思想政治教育时，一定要对学生的真正需要进行了解，从而有针对性、有选择性地设计教学内容与方法，这对提高大学生思想政治课程教学的实效性是十分重要的。这样才能真正调动学生学习的积极主动性，在具体活动中将这部分知识内化，促使他们个人新思想的社会化。

其次，思想政治课程教学应适应与满足大学生合理的需要，调整学生不合理的需要。只有在思想政治课程中，真正关注学生的需要，关注学生的所想所求，才能达到教育的效果、实现教育的目的。但是，有一点是值得注意的，那就是不能走极端路线，也就是说，满足学生的需求不能盲目，不能一味听任学生的需求指引，让学生自己去任意选择，一定要同时注意到教育者的主导作用，引导学生发现自己的需求，接受相应的思想政治教育。

（2）借鉴心理活动过程理论

① 认识过程理论。认识过程是一个过程，人对客观事物的认识往往会经历一个从无到有、从浅到深、从低到高、从单一的角度到多样化的角度的过程，也即感性认识到理性认识的发展过程，包括感觉、知觉、记忆、思维和想象等。

② 情感过程理论。人们在认识事物的时候不可能无动于衷，也不会淡泊无情，总会伴随着认识活动的进行而形成各种态度，产生相应的喜、怒、哀、乐、爱、恶等情绪的情感体验，这种心理活动过程就是情感过程。

③ 意志过程理论。我们在与自然界相互作用的过程中，通常首先会有认识，在这个基础上，融入自己的情感，遵循事物发展的客观规律，经历了浅层认识到深层认识，加上情感的推动，从而能够确定明确的目标，制订切实可行的计划，继而投入实施，在实施过程中不断克服困难，最终实现目标，使客观事物向着符合我们需求的方向发展，这就是我们的意志过程。

2. 借鉴心理学的研究方法

心理学关于对人的研究方法，思想政治教育学的研究都是可以采纳借鉴的，这对于发展和完善思想政治教育学科建设具有重大意义。

（1）情感教育法

心理学上，情感指的是人对客观事物是否满足自己的需要而产生的态度体验。大学生思想政治课程教学的情感教育法，是指在大学生思想政治课程教学过程中，作为教育者的教师群体依据一定的教育要求，借助相应的教育手段，激发、调动和满足学生的情感需要和认知需要，促使学生产生积极的情感体验，并建立教师和学生之间的良性情感

互动，提高教育实效性的一种方法。情感教育法是以情感行为作为中介的一种教育手段，也是易于广泛实施、易于为人所接受、易于取得良好教育效果、易于彰显大学生思想政治课程教学工作艺术的一种教育方法。

（2）个案分析法

个案分析法是对单个研究对象的某个方面或某些方面进行广泛深入研究的方法。此方法最大的优点是便于对对象进行全面深入的了解，而且结合其他方法，可以考察人的行为发展过程。

（3）心理咨询法

在思想政治教育学中，毋庸置疑，最重要的概念就是思想政治教育，通过思想政治教育，思想政治教育学才能发挥它的效力。思想政治课程教学的主要目的就是为一定的社会和阶级培养符合思想道德要求的后继之人。心理学研究的是人的心理现象及其规律，而人的心理现象及其规律是难以从外部表象看出来的，所以需要用心理咨询法来达到这一目的。心理咨询是心理学专家实施影响于咨询对象与咨询对象自我影响、自我调节相统一的一个过程。思想政治教育学借鉴心理咨询法主要应体现在：无论是思想政治课程教学还是心理咨询，都是人与人之间的活动，都是人作用于人的过程，相对于思想政治课程教学来说，心理咨询具有强烈的个体性，其更加强调人与人的心灵交流，从而产生的影响也会更加深远。在进行大学生思想政治教育时应当借鉴心理咨询的这种心灵交流的方式，通过从内到外、循序渐进的方法来达到思想政治教育的预期效果。

三、对西方教育理论的借鉴

大学生思想政治课程对西方教育理论的借鉴主要包括以下几个方面。

（一）对西方古代教育理论的借鉴

1. 对苏格拉底教育理论的借鉴

苏格拉底（公元前469—前399年）是古希腊伟大的思想家、哲学家，同时还是西方伦理道德史上第一个道德教育家，西方教育理论的开创者。苏格拉底的德育思想和哲学观点息息相关。纵观西方哲学史，苏格拉底最早实现了从对自然的关注向对人的关注的伦理学转变。他指出，教育的最终目的是发展人，从而培养出品格高尚、学识渊博的人才。大体上说，苏格拉底对高校思想政治理论有指导意义的理论包括：美德即知识；认识你自己等。

2. 对柏拉图教育理论的借鉴

柏拉图在其哲学著作《理想国》中阐述了自己的道德和哲学的教育理论。柏拉图认

为知识和德性都是先天的来自人自身的"理念"。他主张将世界分为现实世界和理念世界。其中，理念是事物的本质，事物是理念的摹本，"善"是理念世界的最高等级。柏拉图还认为，人的灵魂先于个体的具体形态而独立存在。人的灵魂中具有天赋的知识和先天的"善"。天赋是进行教育的基础，当有天赋的人具备相应的品德之后，就能承担相应的社会职责。柏拉图主张，进行教育最理想的模式是进行天生和实践的学习，从而引领人们从现实世界转向理念世界，接近自身所能接触到的最高的善。柏拉图对德育过程中环境对人的潜移默化的影响十分看重，这一点在大学生思想政治课程教学中也同样重要。

3. 对亚里士多德教育理论的借鉴

亚里士多德是古希腊的著名思想教育家，其对道德教育有着全面而系统的论证。亚里士多德主张教育要适应人的自然发展，通过不同的年龄特征来进行阶段性教育。大学生思想政治课程教学中对亚里士多德教育理论的借鉴主要表现在以下几个方面。

（1）亚里士多德认为，人的身体和灵魂是和谐统一的，教育的目标在于追求理性，培养优良的公民来治国安邦。在这个过程中，个人的幸福也得到了满足。关于教育，亚里士多德提出了"白板说"，其认为人的灵魂是一张白纸，需要通过知识经过感觉进入意识，才能不断完善人的灵魂。

（2）亚里士多德并不同意苏格拉底"美德即知识"的观点，他认为知识只是美德的重要条件，但不是唯一条件。知识是人道德行为的指导，美德的形成需要知行合一。因此，亚里士多德提出了"美德乃中庸之道"的理论。

（3）亚里士多德认为在道德教育中，有三个重要因素影响教育效果：天赋、习惯及理性。

同时，亚里士多德还认识到了实践对道德习惯养成的重要作用，认为人的发展带有过程性。这些思想都对高校思想政治课程教学有着重要的影响作用。

4. 对昆体良教育理论的借鉴

昆体良是西方历史上第一个全面论述教育的思想家，他提出了适应自然的道德教育方法。大学生思想政治课程教学对昆体良教育理论的借鉴主要包括以下几个方面。

（1）昆体良认为道德的培养是雄辩家教育的首要任务。他推动道德教育，认为德行比才能更加重要。同时，他认为教育对个人道德品质的形成有着积极的影响作用。

昆体良主张将道德教育作为学校教育的主要课程，并提出了学前教育、初等教育、中等教育、高等教育四个教育阶段的划分。昆体良认为在每个教育阶段都应该重视德育，只有通过循序渐进、不间断的德育教育才能培养有德行的优秀人才。

（2）昆体良认为在教育过程中应该适应自然，主张在顺应人的自然天性的基础上进行教育。昆体良还提出了一些重要的德育原则，主要包括：道德教育应尽早开始；道德教育应因材施教；道德教育应循序渐进。

（3）昆体良高度重视教师对教学的引导作用，认为教师应该德才兼备，有着渊博的知识和高超的教学技艺。在教学过程中，教师应该采用激励、启发等教学方式来带动学生学习的积极性，通过了解学生的不同个性特点进行针对性教学。

（二）对西方近代教育理论的借鉴

大学生思想政治课程教学对西方近代教育理论的借鉴主要包括以下几个方面。

1. 对洛克教育理论的借鉴

约翰·洛克是英国近代史上最重要的一位哲学家、政治家和教育家。他在自己的教育著作《教育漫话》中提出了绅士教育的思想。这一思想的提出标志着封建教会制度向着资产阶级世俗教育的转变，符合新兴的资产阶级社会的需要，是英国近代教育的思想基础。由于约翰·洛克是新兴资产阶级的代表，因此培养绅士是他思想教育中的最高目标。他的主张主要包括德行、智慧、礼仪和学问四种精神品质。

（1）洛克的绅士教育理论认为要从德智体三个方面进行教育，他尤其对体育高度重视，认为身体是从事绅士工作的基础。洛克认为良好的德行是绅士的灵魂，良好的智力是进行绅士活动的辅助。洛克认为德行教育应该重视两个方面的内容：理智和礼仪。所谓理智指的是要控制自己的欲望，培养自己的自制力，从而符合社会规范；礼仪指的是良好的举止、行为、态度。

（2）洛克重视教师的引导作用，在德育的原则和方法上，他提出了以下主张。第一，德育应该顺应自然与理性，将因材施教和规范约束相结合。第二，德育应该尽早进行训练与实践。第三，德育应该有奖罚制度。第四，德育应该综合运用说理、习惯养成、榜样教育的方式。

2. 对卢梭教育理论的借鉴

让·雅克·卢梭是法国 18 世纪的自然教育思想的主要代表人物，其教育名著《爱弥儿》在教育史上具有划时代的影响，要求培养反封建的资产阶级"新人"，主张教育应适应自然，培养适应新资产阶级要求的自然人。第一，卢梭主张自然教育原则，重视环境教育的影响作用。第二，卢梭提出了自然教育分期理论和德育内容与方法。自然教育主要包括考虑人的自然发展和天性中的善与爱。卢梭认为自然教育可划分为四个时期：幼儿期、儿童期、少年期、青年期。在《爱弥儿》中，卢梭对四个时期的教育重点都有所论述。卢梭认为教育的目的是培养能够承担自然后果的社会人，强调要以行动来实施教化。

3．对康德教育理论的借鉴

伊曼努尔·康德是德国古典哲学的创始人，欧洲伦理思想史上伟大的伦理思想家，理性主义教育思想的主要代表人物。康德的道德教育思想主要体现在他的《实践理性批判》《道德形而上学原理》《教育论》等著作中，与其批判哲学有着密切的关系，强调思辨能力的训练，是实践理性的道德教育思想。大学生思想政治教育中对康德教育理论的借鉴主要包括以下两方面。第一，康德把道德教育视为自由的实践理性领域。第二，康德的道德教育方法论也是实践理性的。

4．对赫尔巴特教育理论的借鉴

约翰·弗里德里希·赫尔巴特是德国 19 世纪的主知主义教育思想的主要代表人物，也是第一个把教育科学化的教育学家。在道德教育方面，他认为，教育唯一和全部的工作都可以归结于道德，道德是教育的最高目的，道德教育的目标是培养具有内心自由、完善、友善、正义和公平"五种道德观念"的完人，教学是道德教育最基本的途径。赫尔巴特的主张主要包括三点。第一，五种道德观念学说。这个学说是赫尔巴特道德思想的基础，其中内心自由是道德要求的首要因素，完善和友善的观念能够帮助人们处理人与他人和社会的关系，公平正义是个人遇到冲突时应该坚持的原则。第二，观念心理学构成赫尔巴特道德教育思想的另一个理论基础，他认为道德就是观念和知识。教育领域中的问题主要是因为缺乏对人内心的认知。赫尔巴特是第一个提出教学要以心理学为基础的学者。观念心理学认为任何观念和知识的形成都是新观念被旧观念所同化和吸收、新旧知识融合的过程。第三，赫尔巴特通过划分管理、教学、训育三阶段来实现自己的道德目标。

（三）对西方当代教育理论的借鉴

1．对杜威教育理论的借鉴

杜威是美国 20 世纪初期的一名实用主义者，在教育问题上同样体现了实用主义的思想。这个教育思想不仅对美国，而且对世界许多其他国家的学校教育都曾产生过广泛而深刻的影响。杜威的思想是以传统的赫尔巴特教育思想为对立面而形成并发展的，建构于其哲学思想中实用主义经验论、机能心理学和民主主义的理论基础上，强调教育与生活、学校与社会的联系，强调实践教学。

首先，"教育即生活"与"学校即社会"是杜威教育思想中的两个基本观点。他认为，教育是经验不断改造的过程，是经验的生成、生长过程，最好的教育是从生活中学习，从经验中学习，所以"教育即生活"，"教育即生长"。另外，教育是一个社会生活过程，学校就是社会生活的一种方式；学校必须为儿童呈现现在的社会生活，学校应该是一个雏形的社会，"学校即社会"。杜威认为，思想道德教育的目的是培养美国社会的

良好公民。他反对传统道德教育脱离现实生活进行纯道德观念的传授，强调教育应与生活和社会保持一致，因为"只有当学校本身是一个小规模的合作化社会的时候，教育才能使儿童为将来的社会生活做准备。"[1]这就意味着，学校思想道德教育的内容要以社会生活为主。

其次，"以儿童为中心""从做中学"是杜威实用主义道德教育的基本原则。杜威提出，教育的基本原则应该是"以儿童为中心"和"从做中学"。"以儿童为中心"，就是一切以儿童为出发点，以儿童为目的。儿童教学必须从心理学的基础上探索儿童的本能、兴趣和习惯，都应该服从于儿童的兴趣和经验的需要。"从做中学"，就是"从活动中学"，"从经验中学"。按照这两个基本原则，杜威认为学校道德教育要采取间接的道德教育途径，即将道德教育寓于学校生活、各类学科的教学和日常学习生活实践中，特别是要通过儿童参加各种活动和社会实践来加强道德训练。他提出两种学校道德教育方法。一是要以探究、商量和讨论的方法来代替传统教育中强制性灌输的方法，这是"以儿童为中心"的必然诉求。二是"从做中学"，即社会实践的道德教育方法。他认为通过社会实践可以避免传统道德教育空洞说教、强行灌输而导致的知行脱节的弊病。

当然，杜威的"教育即生活"的理论是针对当时美国所存在的学校教育问题而提出的，具有一定的局限性和片面性，但他从生活的角度对教育进行了阐述，指出教育的生活意义，其中所体现的"教育要面向生活"的理念及主张在真实的世界中进行教育的思想是值得我们借鉴和发扬的。

2. 对苏霍姆林斯基教育理论的借鉴

前苏联的著名教育家苏霍姆林斯基认为，学校教育的目标就是培养社会主义新社会的公民和"个性全面和谐发展的人"，全面和谐发展的核心则是高尚的道德。

按照苏霍姆林斯基的个性全面和谐发展理论，道德教育必须遵循以下四条基本原则。

第一，因材施教原则。在这个原则的指导下，苏霍姆林斯基认为教育要激发人们的才能、天赋、兴趣、爱好等个性特点。教师在教学和学校生活中应该了解不同学生的特点，展开有针对性的教学。

第二，苏霍姆林斯基重视集体的重要作用，认为集体的道德素质是个体道德素质的源泉。由于外部环境是学生精神生活的决定因素，学校集体是学生的外部环境，所以苏霍姆林斯基强调集体教育，重视学校集体对学生道德教育的特殊作用。

第三，苏霍姆林斯基认为在德行教育中要重视学生的自我教育能力。他主张真正的教育是在丰富多彩的集体生活的基础上进行的自我教育。只有学生良好的精神状态和教

1　赵祥麟. 杜威教育论著选[M]. 上海：华东师范大学出版社，1981：374.

育要求得到激发，其才能形成良好的道德品质。

第四，宽恕优于惩罚，惩罚必先教育。在苏霍姆林斯基看来，惩罚要少用、慎用，惩罚的目的在于教育，惩罚必先教育才有意义。不过，只要儿童不是故意作恶，一般都不应给予惩罚，在这种情况下，恰恰可以通过宽恕触及儿童自尊心的敏感部分，使其产生改错的意愿和积极性。无疑，这些原则在现在来说也是很有益的。

在具体实施德育的过程中，苏霍姆林斯基认为这些方面非常重要，主要包括以下几点。

（1）要注意儿童良好道德习惯的培养。童年是道德习惯养成的关键时期，必须重视道德教育，使他们逐步认识社会的道德准则，尽早养成良好的道德习惯。

（2）要注意培养儿童丰富的道德情感。他认为，道德情感乃"道德信念、原则性和精神力量的核心和血肉；没有情感，道德就会变成枯燥无味的空话"。[1]

（3）要帮助儿童树立坚定的道德信念。苏霍姆林斯基深刻认识到，道德信念是道德发展的最高目标，德育就是要在儿童的心目中把道德概念变为道德信念，只有当道德行为形成道德习惯并最终成为儿童内心信念支配下的行动时，儿童才能够把道德行为、道德习惯、道德情感和道德意识全部融为一体，才能称得上形成自己的道德品质。

---

1 苏霍姆林斯基. 帕夫雷什中学[M]. 北京：教育科学出版社，1999：200.

第三章

大学生思想政治课程教学的原则、理念和方法

理论对实践具有指导作用，因此对大学生思想政治课程教学需要在理论上确立正确的思路，不仅要对过去的经验教学进行总结，同时还需要吸收国外先进的教育内容与教育方式。大学生思想政治课程教学的思路具体涉及三个方面：原则、理念、方法。本章就从这三个方面入手对大学生思想政治教育的思路展开详细分析。

第一节　大学生思想政治课程教学的原则

大学生思想政治课程教学原则是进行大学生思想政治工作所必须遵循的基本要求，也是大学生思想政治工作经验的概括和总结，正确地理解和贯彻高校思想政治教育的原则，对于新时期高校思想政治教育工作的顺利进行并取得效果，具有重要的意义。

一、汲取中华传统文化精华的原则

中华民族拥有 5000 多年的悠久历史，传统文化源远流长、博大精深。"天行健，君子以自强不息。地势坤，君子以厚德载物。""先天下之忧而忧，后天下之乐而乐。""天时不如地利，地利不如人和"等都是中华价值观的重要组成部分，这些价值观念深深地影响世世代代的中华儿女，是中华民族的文化血脉和思想精华，是民族之魂。中华文化经过 5000 年历史的积淀，亘古弥新、意蕴深长，其中既有对理想社会和政治的追求，又有脚踏实地、积极有为的现实精神，逐渐形成了爱国爱党、和谐友善、诚实守信的价

值观和道德准则。

中华传统文化的精华为社会主义核心价值观提供了思想传统和文化基础，二者是内在统一的。郑承军指出，在当前的社会主义建设中，传统的复归是中华文明自身发展的内在要求，是实现中华民族伟大复兴的客观需要，更是中国在世界树立大国姿态、实施软实力战略的迫切要求。[1]长征精神、延安精神、铁人精神、雷锋精神、抗洪精神、抗震救灾精神、北京奥运精神等都是对优秀传统文化的具体表现。

二、立足中国特色社会主义的原则

马克思曾经说过："全部社会生活在本质上是实践的。凡是把理论引向神秘主义的神秘东西，都能在人的实践中以及对这个实践的理解中得到合理的解决。"[2]换言之，实践与价值观是辩证统一的关系。价值观的产生、发展、应用以及基本指向都是由实践决定的，可以说，实践是价值观产生的最根本基础。同时，特定的价值观又反映了特定的社会性质和社会关系。社会主义核心价值观具有鲜明的意识形态导向性。

坚持社会主义核心价值观的指导是建设中国特色社会主义道路的必然选择，也是实现中华民族伟大复兴的必由之路。社会主义核心价值观符合社会的发展规律和时代的进步要求，这是党在领导广大人民群众进行中国特色社会主义实践过程中做出的正确选择。社会主义核心价值观是民族的凝聚力和精神支柱。

社会主义核心价值观集中体现了中国特色社会主义经济、政治、文化和社会发展的内在要求，因此培育工作要立足中国特色社会主义实践，以实践为基础践行社会主义核心价值观。随着中国特色社会主义实践向更深层次发展，社会主义核心价值观必将呈现出更强的生命与活力。社会主义核心价值观的指导是中国特色社会主义文化实践之"源"，要将社会主义核心价值观注入人们的潜意识中，成为人们日常生活的行为指导，进而从精神层面影响大学生的行为方式和思想认识。

三、坚持以大学生为本的原则

大学生是中国特色社会主义核心价值观培养的主体，也是中国特色社会主义事业的建设者和接班人。因此，对其进行价值观教育也应成为大学生思想政治课程教学的主要内容。培育工作的出发点和落脚点都应是大学生这一主体，这体现了对大学生个体性的

---

1 郑承军. 理想信念的引领与构建：当代大学生的社会主义核心价值观研究[M]. 北京：清华大学出版社，2010：290-297.

2 中共中央马克思恩格斯列宁斯大林著作编译局. 马克思恩格斯选集（第 1 卷）[M].北京：人民出版社，1995：56.

尊重，也有效地促进了大学生主观能动性和积极性的发挥。此外，还要将科学教育理念作为培育工作的指导思想。

（1）符合大学生共同价值的需求。教育的本质是培养和发展学生的综合能力与素质，因此在大学生中开展思想政治课程教学也要以大学生个体为本，符合大学生共同的价值需求。全面建设中国特色社会主义，要以中国特色社会主义理论体系为指导，以思想道德建设为基础，以大学生的全面发展为目标，努力做到教育贴近实际，贴近生活，增强教育的实效性和针对性。在进行社会主义核心价值观的培育时要充分关注大学生的共同价值观，改革与社会主义核心价值观要求不相符的制度和机制，这样培育工作才能顺利进行。

（2）尊重学生的主体性。在大学生中开展思想政治课程教学工作还要尊重学生的主体个性，这是教育以人为本的体现。只有尊重、培养和发展学生的主体性，才能真正激发其创造力，为中国特色社会主义建设注入新的活力。"学而不思则罔，思而不学则殆"，这句话说明了思考的重要性。在开展思想政治教育工作时需要重视大学生的思考作用，这是激发其主动性、尊重其自主选择能力的表现，也有助于培养其独立的人格。学生在遇到问题时能够积极主动地思考、分析和解决，才有助于全面发展。

（3）满足学生的需求与兴趣。培育工作首先要满足大学生的需求和兴趣。每一位大学生都是独立的个体，都有独立的人格和思想，因此他们的需求也是不同的。社会主义核心价值观培育主要的目的是让大学生接受和认可社会主义价值观念，并自觉地运用到实践中，成为活动的行为准则。因此，更要注重引导他们的内在教育需求，关注他们的个性发展，充分调动其积极性与主动性，处理好"以理服人与以情感人的关系"，处理好"言传与身教的关系"，处理好"社会价值与个人价值的关系"。[1]

（4）引导学生做有德之人。子曰："德之不修，学之不讲，闻义不能徙，不善不能改，是吾忧也。"这句话的意思就是（许多人）不去培养品德，不去研讨学问，听到了应当做的事（义），却不能马上去做；有错误却不能改正，这些都是让人担忧的。品德是个人修养的一部分，更是个人价值的一部分。因此，对大学生开展思想政治课程教学工作还要重视大学生品德修养和身心健康的发展，通过社会主义核心价值观的教育和宣传，将学生塑造为明辨是非、品德高尚、积极进取的健全人。

（5）考虑个体思想的独特性。在大学生中开展思想政治课程教学工作还要考虑个体思想的独特性和差异性，只有这样才能促进他们的个性化发展，从而形成积极进取、健康向上的核心价值观。

_____

1 陈芝海. 大学生社会主义核心价值观教育研究[M]. 北京：光明日报出版社，2013：111-121.

四、思想政治理论教学与社会实践教学相结合的原则

高等学校思想政治理论课程是大学生思想政治教育的主渠道。通过思想政治理论课程系统地向广大学生传授马克思列宁主义、毛泽东思想、邓小平理论、"三个代表"重要思想、科学发展观、习近平新时代中国特色社会主义思想等理论体系，以帮助他们树立正确的世界观、人生观、价值观，从而走上健康、积极、向上的发展道路。思想政治理论教学能够为大学生树立理想和坚定信念、弘扬和培育民族精神、提高道德修养和法律意识提供理论基础和精神动力。

社会实践教育是围绕教学活动目的而展开的、学生亲身体验的实践活动，是加强高校思想政治教育工作的突破口，它是切实提高人的全面素质和创新能力的途径。实践是认识的来源，当前大学生大多是在学习书本知识中成长起来的，对国情、民情和社会的复杂程度了解还不够。因此大学生应深入了解社会，增强对社会的认识和责任感。高校思想政治教育的过程就是教师向学生传递知识以及这些知识内化的过程。在这一过程中，思想政治理论教育与社会实践教育是相互联系、相互补充的。一方面，思想政治理论教育能够丰富大学生思想政治理论、思想道德等方面的知识，使大学生掌握马克思主义的立场、观点和方法，深入了解党的路线、方针、政策，正确理解社会主义的本质特征和国家的前途命运，了解什么是正义与邪恶、高尚与卑劣、美与丑。另一方面，大学生在社会实践中，能够加速知识的转化与扩展，提升其运用知识解决实际问题的能力，使其认识问题不再浮浅、片面，分析问题不再绝对化。同时社会实践有利于大学生正确认识自己，增强大学生适应社会、服务社会的能力，从而真正实现理论的内化。

坚持思想政治教育与社会实践教育相结合，就是将思想政治理论教育、课堂教育及大学生社会实践合理融入高校思想政治教育，并注重把社会实践纳入教学大纲中，给予学时和学分的限制。加强社会实践的管理体制建设，将社会实践与专业学习、服务社会、勤工俭学、择业创业相结合，以培养大学生的劳动观念和职业道德，并认真组织大学生参加军政训练。利用好寒暑假，开展形式多样的社会实践活动。

五、教书与育人相结合的原则

教书与育人相结合原则要求教师在教学过程中，通过各种教学活动和各个教学环节，全面提高学生的素质和能力。教书与育人相结合原则是思想政治教育的一项基本原则。在思想政治教育中坚持教书与育人相结合原则，就是要求广大教师在不同的教学岗位和不同的教学环节，都要明确自己对学生的全面责任，从而使教书育人成为全体教师自觉的行为和活动。教书和育人是一个不可分割的完整的教育过程。

第一，这是由学生学习活动和思想活动的规律决定的。人的思想是社会存在的反映，一定的社会活动和环境、经历，决定人的思想变化。思想政治教育只有结合学生的

学习活动进行，符合学生的学习要求，解决他们在学习知识活动中遇到的实际问题，才能取得效果，受到学生的欢迎。教书与育人相结合，就是要求思想政治教育必须与学生的学习知识活动相结合，渗透学生学习知识活动全过程的各个环节、各个方面。

第二，这是由教学的科学性和思想性相统一原则决定的。科学性和思想性相统一的原则，要求学校教育工作以马克思主义为指导，以科学文化知识武装学生，结合学习活动对学生进行共产主义思想教育。在我国学校里，教学的科学性和思想性是一致的、统一实现的。教学的思想性既取决于教学的科学性，又是提高教学科学性的重要保证。这样才能把思想政治教育与学生的学习知识活动结合起来，使他们自觉学习锻炼，成为德智体美劳全面发展的社会主义建设者和接班人。

第三，这是由高等学校的教育培养目标决定的。根据党和国家教育方针的要求，高等学校教育培养的学生，应该是德智体美劳各方面全面发展的社会主义合格建设者和可靠接班人。在思想政治教育中既要重视发挥课堂教学的主导作用，又要重视充分发挥校园文化建设、社会实践活动等第二课堂的主阵地作用，使第一课堂与第二课堂结合起来、教书与育人结合起来，以切实加强思想政治教育。

贯彻教书与育人相结合应注意以下几点。

（1）寓思想政治教育于教学之中。教书育人，教学是基础，育人是关键。这就要求教师在传授知识的过程中，要注意挖掘教材的思想性、知识性和趣味性，结合社会实际和学生思想实际，调动学生的学习积极性，帮助学生处理好德育与智育的关系，把思想政治教育工作渗透到学生的各项学习活动中，使他们酷爱学习，精于专业，从而达到我们所期待的目的。

（2）充分发挥教师的表率作用，熏陶感染学生。教师的言行举止，对学生来说是一种无声而有效的教育。教师在教书育人过程中，要不断加强职业道德修养，做到言行一致、表里如一、以身作则，以科学的治学精神、严谨的治学态度进行教学。

（3）要正确处理思想政治课程教学和学生学习活动的辩证关系。教书与育人，二者是相互联系、相互促进的。无论是自然科学还是社会科学的教师，都要结合教材特点，加强对学生的全面教育和培养，自觉地做到教书育人，发挥思想政治教育对学生学习活动的方向引导作用和内在激励作用。要教好书、育好人，就要正确把握思想政治教育和知识学习活动相结合的程度、方式，以利于思想政治教育工作作用的发挥和学生全面发展的需要。

（4）实现教学相长。在思想政治课程教学中，教育者角色通常情况下由学校教师、年长一代、为社会发展进步做出突出贡献的先进模范人物及各种宣传组织机构承担，对学生进行各种形式的思想政治教育。教育者通常都具有一定的职位、职务、模范事迹或

年龄方面的资格和资历。然而，在信息社会，教育者的权威受到挑战。特别是在道德领域、价值观领域，作为教育者本身并不能保证其道德认知和道德实践的合一性，其价值观信仰的彻底性。教育者要能够在教育活动中得到认可，树立起自己作为教育者的威信，确立并巩固自己作为教育者的主导地位，完成教育任务，实现教育目标，必须将施教于人的活动与自己的学习活动统一起来，实现教育者的教学相长。

贯彻教学相长原则，一方面，教育者要依据教育情境的要求，从受教育者角度思考有关教育实施的具体内容建构问题、具体教育方式和教育手段问题等；从受教育者反馈信息中发现自身的不足，通过学习和反思，提高自身理论素养和人格修养。另一方面，学习是无止境的，道德修养更需要穷其一生而时有所悟。追求有意义的生活，是人永恒的生命活动过程。只有坚持内在省察、反观自我之心灵、注重身体与心灵的一体，将知识的获得和生命的直接体验融为一体，不断地把这种内化的知识运用于生活实践中，以知行合一的态度应对社会人事，才能够获得身心境界的不断提升。

贯彻教学相长原则，要求教育者对自身专业充满责任感和历史使命感的反思批判，具有较强的反思批判精神和能力。教育者富有活力的反思批判精神和能力将激发受教育者积极的思考和反思，从而使整个教学充满变化和挑战、充满惊奇和快乐，使教育者和受教育者都处于向他人开放和求证的状态，都会虚心地倾听他人、与他人对话，共同探索彼此的位置和合理身份，既积极地构建他人又积极地构建自身，既助人成长又助己成长。

六、教育与自我教育相结合的原则

教育是一种社会实践过程。它是由两个相互交织的并行过程所组成的：一个是教师（包括所有教育工作者在内）的教书育人（传道、授业、解惑）过程；另一个是学生的学习、成才过程。在教的过程中要充分发挥教师教的主观能动性，而在学的过程中则要充分发挥学生学的主观能动性，二者缺一不可。因此，教育不是一个单一的社会实践过程，而是由上述两个子过程交织而成的复合过程。因此，在高校思想政治课程教学过程中，要充分发挥教师的教育引导作用和学生的自我教育作用，充分调动他们的积极性和主动性。

（一）重视大学生的自我教育

大学生要具备自我教育的能力，要求教育者在教育实践中通过多种途径主动帮助和激发大学生主体能力的构建。自我教育法是指：受教育者按照思想政治教育的目标和要求，通过自我学习、自我修养、自我反思等方式，主动接受科学理论、先进思想观念、社会生活规范，提高自身思想认识和道德水平的方法。[1]要培养和充分发挥受教育者自我教育的主体作用，提高学生自我教育的意识。只有建立在个体的自我体验基础之上，

---

1 高雪燕. 自我教育法在企业中的应用和思考[J]. 现代企业文化，2013，（3）：74.

才能真正促使社会道德意识转化为个体的道德信念。思想政治教育活动和环境影响只有通过受教育者积极主动的内化活动，才能起作用。前苏联的著名教育家苏霍姆林斯基指出："只有能够激发学生去进行自我教育，才是真正的教育。"要培养学生自我教育的意识，一方面要对个体与外部世界的关系有选择性地、积极主动地加以处理，并且这种实践活动必须建立在自己已有的文化知识、心理结构和道德水准基础之上。另一方面要从学生自身，提高学生发掘自身潜能的能力，帮助学生正确认识自己，不断自我发展和自我完善，把社会的优秀思想道德最终内化为个体自身的思想品质，最终实现自己思想素质的升华。

大学生要实现自我教育，充分发挥主体的能力，主要从以下三个方面着手。

（1）要打好坚实的理论基础。理论的学习是高校思想政治课程教学中不可缺少的一环。理论教育法是思想教育最主要、最基本的方法，也是大学生打好理论基础最直接的方法。大学生只有具备坚实的理论基础，才能以正确的理论指引自己的行为，也才能在现实中明辨是非，为自己找准努力的方向。在当代复杂多变的社会生活面前，人们比以往任何时候更加需要科学的思想和理论来指导自己进行正确的选择和决策，以便更加有效地认识环境。

（2）树立成功的榜样是大学生自我教育的一个有效途径。榜样示范法是指通过具有典型、榜样意义的人或事的示范引导作用，教育人们提高思想认识、规范自身行为的方法。榜样教育具有形象、生动的特点，它是理论与实际的有机结合。大学生用榜样的力量激励自己，在心中树立成功的典范，为自己指明努力的方向，会产生更强的感染力和说服力，在自我教育中收到很好的效果。通过典型事迹可以使大学生看到榜样的成功之处，明确努力方向，从而努力奋斗，在改造客观世界的过程中全面提升自己的思想道德素质。必须实事求是地选择对自己有影响力的典型，否则难以真正从思想到行动上得到认同，也起不到典型引导的作用。

（3）坚持教育与自我教育相结合的方法，这是发挥教师主导性与发挥学生主体性原则在高校思想政治课程教学中的贯彻落实。大学生还应借鉴历史上思想家们所提出的各种积极有效的道德修养方法，如学思并重的方法、省察克治的方法、慎独自律的方法、积善成德的方法、知行统一的方法等。自我教育是衡量思想政治教育是否有效的一个标志，也是高校思想政治课程教学最终的归宿。

（二）充分发挥学生的自我完善作用

思想政治课程教学过程，就是指通过教育者实施教育行为的发生，教育对象在这一行为作用下其思想品德得以形成和发展的过程，最终的结果是提高了教育对象的认识能力和思想觉悟。学生是学习过程的主体，要达成思政课的目标，归根结底还得靠受教育者发挥自己的主观能动性。当然我们必须认识到在这个思想政治教育过程中，最根本的

内因是教育对象，是影响思想品德形成的根本条件，教育者只是作为一种外部驱动力，发挥着外因的作用。教育对象在接受教育影响的过程中，总是建立在自己已有的内在标准和思想基础上，筛选、消化和改造教育者传授的思想意识，并付诸实际行动中。在教学过程中，学生的主体性必须得到充分发挥才能收到教育效果。任何一个教育过程，都必须充分发挥教师的主导性和学生的自觉性，这两个方面的积极性缺一不可。教育者要善于发掘和引导受教育者的内在需求，帮助他们形成自我发展、自我完善的动机系统，产生自我教育的需要与动机，才会有自我教育的行为。教育者要善于在多种实践活动中，创造良好的条件实现受教育者的自我教育，提高其自我教育的能力，以便更好地对自己的现实行为进行自我教育。

七、坚持解决思想问题与解决实际问题相结合的原则

解决思想问题与解决实际问题相结合，是我们党的思想政治工作的优良传统，也是高校思想政治教育工作的重要职责。大学生的思想问题往往是由于一些实际问题所引起的，所以，脱离大学生实际问题，一味地强调解决思想问题，思想政治课程教学就会脱离学生，非但不能收到好的效果，还会适得其反。

面对纷繁复杂的社会环境，部分大学生思想方面出现一些问题是正常的，但若这些思想疙瘩不能得到及时解决，就会引发更严重的问题，如少数大学生会对生活失去信心，甚至个别人会走上极端的道路等。所以，在对大学生进行思想政治教育时，必须坚持做到解决思想问题与解决实际问题的有机结合，在解决思想问题的过程中注意解决好学习生活中的实际问题，两者不可偏废。

马克思主义唯物论认为，物质决定意识，意识反作用于物质，意识是对物质世界的一种能动反映。人的思想即是对物质世界及社会存在的反映。大学生处于现实世界中，他们的思想问题是对实际生活的一种反映，如与老师关系紧张、与同学结怨、学习成绩不好、评优失败等。在这种情况下，只注意解决思想问题，只讲大道理，不对他们学习和生活中的问题进行了解和关心，不注意解决他们的实际困难，他们的思想问题就无法从根本上得到解决，思想政治工作也就成了无源之水、无本之木，当然也就不可能产生理想的教育效果。忽视思想政治教育，就事论事，是另一个极端，也要注意克服。要把两者有机地结合起来，使学生从中受到启发，提高思想认识，从而树立正确的世界观、人生观和价值观。大学生思想政治课程教学的现状迫切需要将解决思想问题与解决实际问题有机地结合起来。长期以来，高校重视加强对大学生进行思想政治教育，但部分学校的思想政治课程教学没有深入学生，空泛的说教多，而解决学生的实际问题少；部分学校由于解决思想问题与解决实际问题存在"两套班子"的现象，思想政治课程教学工作效果大打折扣，达不到预期的目的。要改变这种现状，必须在进行思想政治教育时，坚持以理服人与以情感人相结合，既注重解决思想问题，又注重解决实际问题。具体来

讲体现在以下两方面。

首先，应熟悉和把握大学生思想发展规律，深入洞察大学生的理想信念问题、人际交往问题、恋爱问题、择业问题等，这些问题是他们在学习、生活中遇到的具体的实际问题。这就要求对大学生的学习、生活进行长期的观察和思考，深入了解大学生思想问题出现的真正原因，联系实际采取有效的解决措施。

其次，大处着眼，小处着手。大处着眼就是要对学生进行理想信念教育、爱国主义教育、集体主义教育、公民道德教育和素质教育，树立其正确的世界观、人生观和价值观，提高他们的思想道德素质，这也是高校思想政治课程的根本目的。小处着手是指从学生学习、生活的实际出发，从解决大学生的实际问题开始，使大道理讲得入耳、入脑，切忌空泛说教。大学生的思想政治课程教学若能从帮助学生解决学习和生活中存在的一些实际问题入手，将思想政治教育工作细致化和深入化，使大学生切实感受到学校的温暖，就很容易收到事半功倍的效果。在当前形势下，小处着手更显得重要，要做好小处着手，应注意以下四个方面。

（1）改善办学条件，提高教学质量。教学质量关系到高校的存在和发展。教学质量对大学生成长、成才具有重要意义。所以，高校要注重办学条件、教学质量改善与提高，从严治校，加强管理。

（2）完善和健全大学生助学体系。目前大学的学费按照"谁受益，谁付费"的原则，由大学生及其家庭支付其中的一部分。每年几千元的学费，对于老少边穷地区的穷困家庭来说，一年的总收入都不见得够，甚至远远不够，要想使这一部分学生顺利完成学业，政府和高校必须切实采取有效措施，做好贫困大学生的资助工作。多方筹集资金，不断完善资助政策，形成包括助学贷款、国家奖学金、设立勤工助学岗位、发放特困生补助以及减免学费等助学体系，同时注意建立公开透明机制，加大对那些生活困难、品学兼优的学生的奖励力度，帮助他们很好地完成学业。

（3）指导和帮助大学生就业。当前大学生就业问题已引起政府、社会的高度关注与重视，在就业形势不太乐观的情形下，大学生面临着巨大的就业压力。所以，思想政治教育工作者，要充分把握当前就业形势，深入学生，分析其特点，帮助大学生树立正确的就业观念。在实际操作上，建立健全大学生就业指导机构和就业信息服务系统，发挥其就业服务的功能。通过管理育人、服务育人，把党和政府对大学生的关怀落到实处。

（4）强化大学生心理健康教育工作。大学生心理健康问题已越来越成为大学生群体中一个不容忽视的问题。高校要充分重视大学生心理健康教育，深入研究在新的历史条件和时代背景下大学生身心发展特点和教育规律，注重培养大学生良好的心理素质，提升大学生承受挫折、经受考验的能力。在实际操作中，要建立健全大学生心理健康教育和心理咨询机构，确立大学生心理健康教育计划和内容，学校提供尽可能好的物质条

件，配备足够的专、兼职教师和必要的设施，积极开展大学生心理健康教育和心理咨询辅导，引导大学生健康成长。

第二节　大学生思想政治课程教学的理念

社会与时代在改变，大学生思想政治课程教学的理念也应是一个动态发展、开放的系统，不仅要反映出时代的鲜明特色，还应秉持创新的理念实现持续发展。本节探讨大学生思想政治课程教学的理念，涉及以人为本理念、开放育人理念和全面发展理念。

一、以人为本理念

以人为本是指在思想政治课程教学工作实践中，高校各级领导干部和思想政治教育工作者，在制定规章制度、日常管理和改进传统工作方法的同时，要坚持一切从大学生的合理需要、个性发展出发，调动和激发大学生学习和科研的积极性与创造性，以德智体美劳的全面发展为目的的一种理念。

（一）以人为本理念的内涵

在中国的社会主义革命、建设和改革过程中，中国共产党实现了马克思主义中国化这一伟大的历史使命，形成了具有中国特色的社会主义理论体系。在此过程中，"以人为本"的思想得到了很好的体现。毛泽东同志还反复强调，应依靠人民、相信人民、全心全意为人民服务，这些都很好地体现了他对人的重视，并将人看成社会主义革命和建设的根本。

在党的十六届三中全会上，提出了"坚持以人为本，树立全面、协调、可持续的发展观，促进经济社会和人的全面发展"。具体内涵如下："坚持以人为本，就是要以实现人的全面发展为目标，从人民群众的根本利益出发谋发展、促发展，不断满足人民群众日益增长的物质文化需要，切实保障人民群众的经济、政治和文化权益，让发展的成果惠及全体人民。"中国共产党所提出的科学发展观中"以人为本"的思想，是对马克思主义的继承和发展。

在大学生思想政治课程教学过程中，思想政治教育者坚持什么样的理念会对思想政治教育的成效起到直接的影响作用。将以人为本的理念贯彻于大学生思想政治教育中，一方面是因为以人为本的理念体现了对人性的充分尊重、对人的主体性的肯定及对人的全面发展的重视；另一方面还体现了马克思主义以人为本思想的精髓，体现着思想政治教育的价值和目的。

（二）大学生思想政治课程教学中"以人为本"的具体体现

大学生思想政治课程教学以人为本的人本化趋势，随着科学发展观在高等教育中的

深入贯彻与实践，日益凸显为以学生为本，主要表现在以下几个方面。

1. 大学生是价值主体

大学生思想政治课程教学以人为本还体现为以大学生为价值之本。高校思想政治课程教学更加注重引导大学生正确认识和满足自身的需要，实现自身的价值。价值涉及主体的需要及其满足。在价值关系中，价值的主体需要获得满足，价值的客体正是这种满意的提供者，这是事物发展的一般规律，价值关系的常态。在对大学生进行思想政治课程教学的过程中，我们应该将大学生作为这种价值关系的主体，在交易过程中要充分尊重大学生的个人需求，将满足他们的需求作为教育者的基本工作依据，这样是做好高校思想政治教育工作，提高我国大学生思想政治素质的基本要求。大学生的需要和大学生的利益密切相关，需要是一种潜在利益，需要的满足是一种现实利益。大学生的需要主要表现为物质需要和精神需要。高校思想政治课程教学更加重视加强与大学生有关的政策和制度教育，引导大学生协调和处理好各种与自己相关的物质利益关系，维护自身的权益。

除此之外，还要加强道德教育，增强大学生的道德意识，提高大学生的道德判断能力、道德选择能力和道德践履能力，满足大学生的道德发展需要；注重引导大学生认识和满足自身的精神需要，包括加强理想信念教育。引导和帮助大学生树立正确的人生理想，把握人生发展的正确方向。选择和走好人生发展的正确道路，满足大学生树立和实现人生远大志向的需要；加强心理健康教育，开展心理咨询活动，帮助大学生克服心理障碍，形成健全的人格，满足大学生的心理健康发展需要；加强情感教育，引导大学生正确认识和处理好交友、恋爱、婚姻等各种关系，形成高尚的情操，满足大学生情感发展的需要；还要开展各种丰富多彩的校园文化体育活动，满足大学生日益增长的精神文化需要。

2. 大学生是实践主体

大学生思想政治课程教学以人为本首先体现为以大学生为实践之本。大学生的主要任务是学习，这是大学生在校期间作为实践主体的主要活动形式。高校思想政治教育越来越注重寓思想教育于大学生学习活动之中，引导大学生明确学习目的和科学知识的价值；激励他们勤奋学习和系统掌握人类创造的全部科学文化成果，提高创新精神和实践能力，培养与所学专业密切相关的职业道德和职业精神；全面提升思想道德素质，为大学生的全面发展和毕业以后走向社会、推动社会实践活动奠定重要的思想基础；不断调动大学生学习的积极性、主动性和创造性，激发大学生刻苦学习、严谨治学的精神动力。高校思想政治课程教学更加注重引导在校大学生积极参与社会实践活动，运用学习掌握的科学理论知识指导和推进社会实践活动，自觉走与实践、与工农相结合的青年知识分子成长道路，在社会实践中受教育、做贡献、长才干。

从根本上说，思想政治课程教学就是一项针对人的工作，并没有具体条款和措施来约束，因此教育者可以最大限度地发挥自己的主动性，帮助大学生提高他们的思想政治素质和水平。作为一项以人为工作对象的工作，思想政治工作者应该明确自己的工作对象，并根据工作对象的特点制定具有针对性的教育措施，将人作为思想政治工作的核心。在思想政治教育工作中，我们要对教育的对象保持足够的尊重，不仅要强调思想的崇高性，调动人们参与为社会主义理想共同奋斗的情绪，还要尊重个人的意愿，尊重教育对象的个人理想与发展意愿，并帮助他们不断提升自己。

新时期，随着人们物质生活的提高和精神生活的丰富，人们的自主意识也开始增强，这种客观变化要求思想政治教育工作要从实际出发，从受教育者的角度出发，只有坚定不移地坚持群众路线，才能赢得人们的支持。在思想政治课程教学实践中，思想政治教育工作者一定要尊重客观规律，根据规律办事，不能凭自己的主观判断决策。我们应该清楚地认识到，只有对思想政治课程教学的主体保持足够的尊重，才能赢得他们的信任与配合，才能让我国的思想政治教育工作充满活力地向前发展，为伟大的社会主义建设事业培养一批又一批的人才。

3. 大学生是发展主体

以人为本在高校思想政治课程教学中的体现就是"以生为本"，具体来说就是充分尊重大学生在思想政治课程教学中的地位和作用，通过引导与激励的方式促进其主体意识的苏醒，增强思想政治教育的效果。高校思想政治课程教学不仅要关注他们思想动态的变化，也要为他们的健康成长和全面发展负责，这种作用主要体现在以下三个方面。

（1）重视教育和引导大学生正确认识和处理好现实发展与持续发展的关系。大学生的可持续发展，是实现大学生人生发展最大价值的前提，也是实现社会可持续发展的最重要基础。大学生的可持续发展，就是要发现和挖掘大学生发展的巨大潜力，增强大学生自我持续发展的意识和能力，建立大学生发展的长效机制。高校思想政治课程教学应该从长远出发，注重大学生对社会关系的处理及对社会实践的认识的教育，将各种长远的、能够持续发展的因素结合在一起，只有这样才能彻底解决教育短视的行为，使大学生能够更好地适应社会的发展与情景的变化。在学习过程中，大学生也要不断适应学习型社会和学习型组织的基本要求，不断充实和更新自身的知识结构，增强持续发展的坚定意志，克服发展中面临的种种困难和障碍，实现自身的可持续发展。

（2）重视教育和引导大学生正确认识和处理好自发发展与自觉发展的关系。从现实状况来看，大学生的发展主要有两种形态，即自觉发展和自发发展。具体来说，自发就是学生本人缺乏自我发展的意识和概念，对大学生成长发展的规律没有明确的认识，在自己的成长与未来规划中没有目的，这种发展会使大学生在发展过程中遇到很多挫折，并容易产生放弃心理，从而影响思想政治教育的效果。自觉发展是一种以自我为主导的

发展模式，在这种发展形态中，学生自身往往具有更好的自主意识，对自己未来的发展具有清晰的规划，遇到困难能够利用自己所学的知识和掌握的方法去解决，他们能够更好地利用规律克服发展的盲目性，增强发展的自觉性，掌握和遵循人才成长发展的规律，不断健康成长。

（3）重视教育和引导大学生正确认识和处理好片面发展与全面发展的关系。大学生的综合素质是一个复杂的集合体，它是一个各种素质的集合概念，主要包括个人的思想道德水平和素质、科学文化水平和素质及身心健康素质等。大学生的全面发展之所以是大学生素质提升的关键，也正是因为全面发展的综合性，个人的提高并不是某一种能力的单独发展，而是多种素质的齐头并进。高校思想政治教育更加重视针对大学生德智体美劳素质发展失衡的现象，引导大学生克服发展的片面性，增强发展的全面性与协调性，实现健康发展。

（三）大学生思想政治课程教学中实践以人为本理念的要求

要想将"以人为本"这一理念同大学生具体的思想政治课程教学紧密结合起来并将这一理念渗透进思想政治课程教学工作的方方面面，还应明确在这一理念指导下的实践要求，只有这样才能更好地开创大学生思想政治课程教学的崭新局面。

1. 改变思想政治课程教学的观念与方式，强调学生的主体地位

贯彻"以人为本"的思想理念，应改变思想政治课程教学的观念和方式，重视学生的主体地位。具体可从以下两个方面着手。

（1）教育的方式方法要真诚。在教育的方式方法层面，大学生思想政治工作者应向学生展现出最大限度的真诚，真正做到理解人、说服人、教育人，让学生在真切的体验和感受中提升其思想觉悟。

（2）由客体转变为主体。应实现学生由被动的客体向能动的主体进行转变，应充分尊重学生的主体地位，并有效激发学生的主体意识，使学生能够以主体的姿态积极参与到思想政治教育工作实践中，并在实践中充分发挥其主体性的作用。同时，还应将学生看成学校的主体，对学生的个体差异、个性差别给予充分的考虑，善于与学生进行沟通和交流。

2. 坚持贴近实际、贴近生活、贴近学生的教育原则

在大学生思想政治课程教学工作中贯彻"以人为本"的理念，应坚持"贴近实际、贴近生活、贴近学生"这一教育原则。

（1）贴近学生生活实际。大学生思想政治课程教学工作要贴近学生的生活实际，应关注大学生以下几个方面的教育。

其一，对大学生的人生观、价值观和成才观的教育。

其二，爱国主义与社会主义教育。

其三，理想信念、道德观、法治观的教育。

此外，还应引导大学生积极地将成才与做人有机地结合起来，养成良好的学习生活习惯，形成文明健康的现代生活方式，将自己的前途同祖国的命运紧密地联系起来，这样也能更好地增强学生个体学习的动力和持久力，使其在学习过程中更加积极、主动。

（2）贴近学生的交往实际。当代大学生还面临着远离父母家庭，步入大学生活、学习的新环境及各种新的人际交往问题，面对突如其来的诸多问题，有些学生感到对这些关系的处理无从下手，甚至无所适从。因而，作为大学生的思想政治教育工作者，还应承担起引导大学生处理人际关系的责任。不仅要对他们处理相关的人际交往知识提供科学的指导，而且还应重视对学生人际交往能力的培养。

（3）贴近学生所关心的社会现实问题。随着社会主义市场经济的深入发展，一些大学生也开始对社会主义市场经济建设和改革开放方面的问题给予关注，这些外部环境的发展形势与大学生毕业后的未来出路和创业就业前景息息相关。那么，大学生的思想政治教育工作也应不断深化对学生思想规律的认识，密切围绕学生关心的疑点、热点、难点等问题，有计划、有步骤地开展思想政治教育。

二、开放创新理念

大学阶段是学生步入社会的重要准备阶段和过渡阶段，在现代社会历史条件背景下，大学不再像以往一样是一个比较封闭的个体，而是到处都体现着时代发展气息的向往自由的象牙塔。迈进大学校园，到处充满朝气、充满活力，大学成为面向社会、面向人生，面向世界、面向未来的新型园地。有容乃大，大学之"大"，正在于此，它容纳了各种学术文化思想，思想的火花在这里碰撞，智慧的光芒在这里散发。正因为如此，大学给予人们一种开阔的视野、开放的思维和充分、自由、全面、和谐发展的空间。因而，大学教育也应该强调开放性、发散性、立体性、自由性和创造性，注重以开放的视野、发散的视角、立体的维度、自由的模式和创造性的气魄来培养人、造就人。这正是大学阶段与别的教育阶段的不同之处，也是大学教育的真谛所在。高校思想政治课程教学是大学教育一个不可或缺的重要组成部分，因而，着眼于开放性的个人和开放性的社会树立开放创新的思想教育观念，塑造新时期开放创新的大学生人才，也必须树立开放创新的理念，坚持与人的开放式的思想活动同步、坚持同社会的开放性发展合拍，从而使高校思想政治教育更好地贴近实际、贴近生活、面向世界、面向未来，更好地为社会主义建设事业贡献自己的力量。

（一）开放创新的要求

随着社会主义市场经济的不断发展，高校要对思想政治教育工作不断创新。从高校的情况来看，有少数高校的思想政治教育工作存在着短期行为、务虚行为等问题。这些问题难以适应社会发展变化的新要求。要改变这种现状，我们必须创新思想观念，树立起动态开放的新观念。牢固树立全球意识和现代意识，才能不断提高新世纪高校思想政治课程教学工作的实效性。

1．具有全球意识

全球意识是相对民族意识而言的，是指国民对跨国事务或国际事务的认识、了解和情感，是世界观的一种体现，表现为一个国家的公民或者社会团体在看待本国与他国的交往、本国与他国之间关系的发展及整个国际形势发展状况时所表现出来的敏锐度、关注度及其了解的深度。全球意识不仅是一种思想认识，而且是一种情感和价值取向。能否用开放的心态，平等、公正、宽容地对待和尊重世界各国、各地区、各民族的文化传统，能否积极、平和、理性地参与国际活动，是否具有国际竞争的高品质思维能力，这些要素是构成全球意识的重要内容。

培养全球意识是当前思想政治教育创新的新主题。培养全球意识有助于调整思想政治教育理念，与时俱进地完善培养目标，及时变革教学内容，进一步深化思想政治课程教学改革。

培养全球意识对于加快中国走向世界、世界走向中国的步伐，继续坚持对外开放的基本国策具有重要意义。具有全球意识的高素质人才支撑是继续坚持对外开放的重要保证。培养全球意识，一是要培养关注全球问题的精神；二是要培养观察分析问题时的国际视野，既要立足中国看世界，也要站在世界看中国；三是要培养解决问题时的宏观思维，既要学习借鉴外国经验，又不能崇洋媚外；四是要培养遵守国际通行的基本规则的习惯。

2．具有现代意识

思想是行动的先导，思想的闪电一旦贯穿人们的头脑，就会激发出强大的驱动力和创造力。我们生活在现代社会，生活在充满希望和挑战的 21 世纪，世界新的科技革命风起云涌，经济全球化进程大大加速，现代化浪潮席卷全球，低碳经济、知识经济正在深刻地影响我们的生产方式和生活方式，全世界正在进行经济发展方式的深刻变革，我们的思想意识必须紧跟时代，具有鲜明的时代气息。

现代意识是现代人必须具备的思想意识。我们认为现代意识必须包括两方面的内涵：第一，体现时代性。现代意识是动态的，是变化发展、与时俱进的思想意识，是反

映时代发展、社会进步和培养高素质创新人才的需要。第二，具有进步性。现代意识与传统意识是相对应的，必须有利于促进社会生产力的发展，在当前就是符合科学发展观、适应市场经济发展要求、反映知识经济和低碳经济发展潮流的思想观念和意识，如效能意识、资源意识、环保意识、科技意识、创新意识、金融意识等。大学生思想政治课程教学要坚持习近平新时代中国特色社会主义理论体系的指导，必须坚持以人为本的思想，转变教育思想和教育观念，重视学生的主体性地位，把实现学生全面发展、满足学生成长成才的需要定位为思想政治教育的目标。坚持全面发展的思想，处理好理论学习与社会实践的关系，促进学生身体、心理、科学文化及思想素质全面发展。坚持协调发展的思想，协调好环境与育人的关系，牢固树立全员育人、全方位育人、全过程育人的观念。坚持可持续发展的思想，建立健全科学、合理的高校思想政治教育机制，形成德与智统一、教与育统一、校内外统一、传统与时代统一的思想政治教育新格局。坚持统筹兼顾的思想，全面管理各类思想教育资源，努力建设和谐校园。

（二）大学生思想政治课程教学中实践开放创新理念的基本思路

大学生思想政治课程教学既有历史继承性的一面，又有革新创造的一面，二者是辩证统一的。当前的国际国内形势不断发生深刻变化，使高校思想政治教育既面临有利条件，也面临严峻挑战。面对新形势、新情况与新任务，要切实提高高校思想政治课程教学的针对性与实效性，就必须不断推进高校思想政治课程教学与时俱进、开拓创新。根据现代思想政治教育的基本原理和基本规律，创新大学生思想政治课程教学应遵循理论性与实践性相统一的原则、时代性与实效性相统一的原则、继承性与创新性相统一的原则、真理性与价值性相统一的原则、系统性与开放性相统一的原则。

创新大学生思想政治课程教学，应贯穿整个高校思想政治课程教学的全过程，包括创新大学生思想政治教育的理念、创新思想政治教育的内容、创新思想政治教育的方式和方法、创新思想政治教师队伍建设、创新思想政治教育的投入保障机制等。

在创新大学生思想政治课程教学的理念上，要突出大学生的主体地位，弘扬以人为本的理念；要坚持以社会主义核心价值观为指针；要贯彻"全员育人、全过程育人、全方位育人"的教育观；要坚持以实现人的全面发展为终极目标。在创新大学生思想政治课程教学的内容上，要坚持以理想信念教育为核心，加强思想政治课程的改革和建设；要坚持科学精神和人文精神并重的教育；要加强校园文化建设，不断推陈出新；要重视和加强大学生网络道德和法制教育。

在创新大学生思想课程教学的方式和方法上，要坚持外部灌输与引导大学生自我实践体验相结合；要注重情感互动，情理结合；要把思想政治教育与解决实际问题相结合；要以互联网、微信、微博等新媒体运用和创建文明学生公寓等为载体，拓展思想政治教育的新阵地；要充分利用时尚、情感、文化元素，增强教育的针对性与实效性。

在创新大学生思想政治课程教师队伍建设上，要建设一支精干的专兼结合的教师队伍；要大力加强师德建设，培养和提高教师个人的人格魅力。除此之外，还要在高校思想政治教育机制上做到创新，具体表现为以下几点：

（1）强化齐抓共管的领导机制。必须创新思想政治教育领导机制，真正形成党、政、团、学分工负责、齐抓共管的工作格局，建立协调的部门联动机制，建立健全大学生教育管理分级责任制。

（2）创建科学的高校思想政治课程教学的评价机制，定期进行督促、检查与评价。

（3）实现思想政治课程教学与社会的接轨。要密切结合大学生的实际情况，开展因人施教、因材施教；要积极引领学生深入社会，在实践中受教育、长才干。

（4）注重培养大学生的主体意识和自我教育能力。要注重教育方法的改进，加强教育过程中两主体的双向交流，引导大学生进行自我认识、自我评价、自我约束、自我激励以及自我完善。

（5）创新高校思想政治课程教学的保障机制。保证并加大必要的高校思想政治课程教学的经费投入；积极为大学生思想政治课程教学活动的开展提供必要的设施、设备和活动场所；善于运用现代技术提升高校思想政治教育的手段；不断建立健全各项规章制度。

三、"三全"育人理念

（一）全员育人

高校思想政治课程教学要坚持把立德树人作为中心环节，实现全程育人、全方位育人。因此，在学校教学的各项工作中，每个教职员工都要树立育人的理念，共同参与，互相配合，使每一个教学环节都能从不同的角度、不同的层次对大学生进行教育、熏陶和引导。为此就要做到"教书育人、服务育人、管理育人"。

（1）完善鞭策和激励机制。建立全员育人教育机制，要根据高校的实际情况形成两种机制。一是激励机制。学校在制定各项政策时，要坚持物质激励和精神激励相结合，给予思想政治教育工作做得好的个人以奖励，使其享受与其他各类先进同等的待遇。二是鞭策机制。通过设置思想政治工作的目标和任务，给教育工作者一定的压力，进而起到鞭策作用。当然，上述两种机制应该有机结合，这样才能对德育工作起到积极引导和有力推动的作用。

（2）注重渗透机制。一方面，要将思想政治教育渗透到各学科专业教学中，实现"大思政教育观"，各专业教师要充分挖掘学科中的民族精神、人文精神内涵，摆脱思想政治教育与专业教学"两张皮"的状态；另一方面，要将思想政治教育渗透到校园文化和校园活动中，在各种活动中传输思想政治教育的内容。目标明确、组织严密、参与面

广、实践性强的校园文化活动能够产生很好的思想政治课程教学效果。通过生动活泼、丰富多彩的校园文化活动进行思想政治教育，寓教于乐，能够增强思想政治课程教学的实效性。

（3）形成保障机制。一切教育活动都需要建立在一定的物质基础和人力支持上，大学生思想政治课程教学也是如此。做好现代大学生的思想政治工作，除了进行有效的思想政治教育、给予丰富的精神食粮外，优质、高效的后勤服务也是必不可少的。目前，我国大多数高校实现了后勤社会化，这给学生管理工作带来了新的问题。面对新问题、新矛盾，高校后勤部门仍要树立以学生为本的服务意识，提高服务效率，一切为学生的利益着想，了解学生、关心学生，使学生们生活顺心、学习安心、思想稳定。

（二）全过程育人

所谓全过程育人，就是使思想政治教育涵盖大学生学习的全过程，同时注重思想政治教育的针对性和个性化。一是要根据学生发展的不同阶段有针对性地开展教育活动。例如，针对大一新生要做好入学教育及大学生活适应指导，而毕业年级则应把重点放在职业咨询、就业指导和社会适应能力的培养等方面，学生的主动性发挥得更充分一些。二是要根据不同学生个体的特点开展个性化服务。学生个性千差万别，开展思想政治课程教学工作时就必须考虑不同学生的特殊性，在帮助解决问题和困难的过程中完成对学生的思想政治教育过程。

（三）全方位育人

所谓全方位育人，就是要求全社会形成关心高校思想政治课程教学的合力，关心大学生的健康成长，不断开创高校思想政治课程教学的新局面。我们要从教学环节、社会实践环节和校园文化环境建设方面入手，形成全方位的思想政治课程教学新格局。

第三节　大学生思想政治课程教学的方法

大学生思想政治课程教学方法是高校思想政治教育工作者在高校思想政治教育的过程中，为了实现教育目标，传递教育内容，使教育对象形成正确的思想观念和良好的道德品质所采取的各种手段和方式的总和。高校思想政治教育方法是多种多样的，并随着实践的深入而不断丰富发展。

一、传统的思想政治课程教学方法

（一）施教法

施教法是针对教育者而言的，顾名思义就是教育者对受教育者进行思想政治教育的方法。在中国古代，思想家对思想教育是非常重视的，他们不仅将思想教育看作道德修

养的方式，还看成是治理国家的方略和维持人际和谐的手段。因此，他们在不断的理论和实践中提出了一些施教的方法，具体包含以下几种。

1. 因材施教

所谓因材施教，就是教育者应承认和尊重受教育者的性格、才能、志趣和特长等个体差异，并以之为依据，有针对性地注入特定的教育内容，灵活地采取相应的教育方法。例如，孔子施教非常注重"各因其材"。"各因其材"是北宋的程颐、南宋的朱熹对孔子施教特点的概括，他们说："孔子教人，各因其材，有以政事人者，有以言语人者，有以德行人者""夫子教人各因其材。"自程颐、朱熹之后，"因材施教"就被后人视为孔子的重要施教方法之一。孔子是我国乃至世界思想道德教育史上第一位主张并实行因材施教的教育家。之后，宋代、明朝等的思想家对孔子的因材施教方法进行了传承和发展。例如，张载提出的"时可雨而雨"，王夫之提出的"君子之教因人而进之"等都是对因材施教理论的贯彻。

2. 教学相长

教学相长就是要求教育者与受教育者之间是一种平等的师生关系，达到二者间的取长补短、相互尊重，同时还能够共同进步、相互促进。教学相长法对教育者与受教育者之间的关系有一个全面的认识，但这一认识是以思想政治课程教学过程中的地位作为基础的。孔子对"教学相长"是非常重视的，他鼓励自己的学生应该"当仁不让于师"，即学生自己能够担任重要角色，与教师不相上下，师生间要不断切磋。在《礼记·学记》一书中，"教学相长"这一概念被明确地提出来，即"是故学然后知不足，教然后知困。知不足，然后能自反也；知困，然后能自强也。故曰：教学相长也。"这句话是说，受教育者只有通过学习才能弥补自己的不足；教育者只有不断地进行教育实践才能解决自己的困惑。孔子的这一言论看到了教与学之间的区别和联系，将二者的辩证关系展示出来。自此之后，教学相长的理论被逐渐发展和固定下来，后世的王通、韩愈等人也倡导这一方法。

3. 循序渐进

所谓循序渐进，就是主张思想政治课程教学应根据受教育者的思想道德认识水平和接受能力，由浅入深、由少到多地逐步进行。人的思想道德认识的形成、发展和转化是一个由量变到质变的过程，故而循序渐进的施教方法是符合人的思想道德认识的形成、发展、转化规律及思想道德教育规律的。孔子认识到思想教育只有逐步向纵深发展、循序渐进，才能诱发学生的学习积极性，取得良好的教育效果。他说："无欲速，无见小利；欲速则不达，见小利则大事不成。"这里，孔子所谓的"欲速则不达"意在告诫人们，思想教育如果急躁冒进、急于求成，不仅收不到预期效果，反而可能会适得其反。由此，他极力强调思想教育应循序渐进、持之以恒。

4. 身教示范

身教示范就是要求教育者应该起到示范、以身作则的作用，通过自己的实际行动来体现教育的要求。这一教法是中国古代思想教育的特色。孔子认为，在思想教育上身教要比言教重要得多。他告诉统治者，如果要想正他人，首先应该正自身，只有自身正了，他人才会唯命是从。同时，他还在上行下效理论的基础上对身教进行了阐释。之后，荀子、孟子等人也明确提出"教者必身正"等理论，这极大地强调了教书育人，身教示范的重要意义。

5. 平等育人

平等育人主张所有人在受教育上都是平等的，教育者应该对所有的受教育者都一视同仁。孔子主张"有教无类"，其中的"类"就是要求对待受教育者应没有类的差别，即不论地位尊卑、贫富贵贱、民族差异等，始终以平等的态度对待受教育者。之后，很多后世的思想界认同孔子的这一主张。例如，黄侃的"人乃有贵贱，宜同资教"，程颐等人的"人皆可以至圣人"等都是最好的体现。

（二）内化法

所谓"内化"，是指教育者应该对教育对象的内在本性有基本了解，重视教育对象的内在需要，目的是激发教育对象的内在思悟与内在潜能，从而实现受教育者内在的自律。以孔子为首的一些中国古代思想家对"内化"法进行了强调和阐释。他们认为，思想教育只有重视受教育的"内化"，才能使受教育者达到预期的效果。中国古代思想家在对"内化"进行深刻理解的基础上探求了"内化"的有效途径。

（1）知荣明耻。从古至今，"知荣明耻"在人们的生活中一直是一个重要的道德问题。它属于一种情感意识，是人们在一定的善恶是非观的基础上产生的一种自觉求荣之心，是人们在对自身尊严珍惜和维护的意识上产生的。可以说，"知荣明耻"是一种基本的人格和德性。人们只有做到了这一点，才能使自己的道德意识得以觉醒，才能不断严格地要求自我，提升自我，完善自我。

（2）克己慎独。"克己"与"慎独"可以单独来理解。"克己"就是要求自己能够严格要求自己，对自己的言行能够加以约束和控制，使自己的言行与规范要求相符。"慎独"就是要求即使没有他人的监督，受教育者也能够按照社会规范自觉地行动与思考。一般来讲，人们能否自我修身以及自我修身能达到怎样的程度，就是依据他们能否做到和坚持"慎独"。与"克己"相比，"慎独"的层次更高，而且对自觉性的要求更强。孔子对"克己"是非常重视的，并且提出"非礼勿视，非礼勿听，非礼勿言，非礼勿动"的方法来"克己"。也就是说，要想实现"克己"，就必须做到"礼"，对自己的言行应该予以严格要求。对于"慎独"，最早出现在《礼记·中庸》一书中，"是故君子戒慎乎

其所不睹，恐惧乎其所不闻……故君子慎其独也。"就是说君子在个人独处时应该小心、谨慎。

（3）自我反省。所谓自我反省，就是要求受教育者能够自我批评、自我认识、自我教育，使思想道德的提升成为受教育者的一种自我要求。对于这一点，孔子主张"君子求诸己"，曾参主张"三省吾身"等。

（4）改过迁善。顾名思义，"改过迁善"就是逐渐改正自己的过失、过错，从而不断完善自己的品格。众所周知，不是所有人都是圣贤，谁没有犯错的时候，而对于这些错误，人们需要不断认识和改正，只有这样才能提升自我、完善自我。只有在不断地与过错作斗争的过程中人们才能不断完善自我，如孔子所说的"过则勿惮改"，孟子的"过则改之"等。

（5）益志养气。益志养气说的是道德意志，一般道德意志分为两个层面：志向与意志。前者指的是人们修养道德时的精神导向，是价值观、人生观的核心内容；后者是人们修养道德的精神支柱，是人们提升精神境界、攀登道德高峰的动力。中华民族从古至今一直非常重视道德意志，如孔子的"匹夫不可夺志也"，孟子的"舍生取义"，曹操的"老骥伏枥，志在千里"，诸葛亮的"志当存高远"等都是鲜明的体现。

（三）默化法

默化属于隐形的思想道德教育方法，它主要是通过心理感化、文以载道将封建社会的道德要求渗透到生产、生活及精神文化需要满足的过程中。默化法有风俗感化及礼制规划等。

（1）风俗感化。所谓风俗，是指人们在一定社会群体或者地域形态中形成的一种习惯，是由一系列的习惯、准则、规矩等构成的影响人们日常生活行为的规范。其中包含着群体长期形成的感情与经验。风俗感化是指将统治者所倡导的规章制度、统治思想等转化成民俗，从而保证大众能够符合其统治思想的要求。在具体的运用上，这一思想主要包含以下两个层面。

首先，从人民大众的生活、生产、精神活动的需求出发，制定符合儒家思想的道德规范，在不断的实践中形成一种礼俗，如生产礼俗、节庆礼俗、消费礼俗、嫁娶礼俗等。这样，中国传统的社会主导思想道德就向民俗文化的方向转化。

其次，设置地方官专职教化，树立道德典范。秦汉时期，地方上就专门设置"三老"来主管教化事务，人们有着发现本地区的孝子贤孙、贞女义妇、让财救患、为民法式的责任。通过对这些人或者这些家族进行表彰来明告天下，使民众纷纷效仿，从而引导道德风尚。

（2）礼制规划。礼制的存在就是为了规范人们的具体行为，改变人们的思想态度并进而造就新的思想态度。礼制规划是指通过制定礼仪制度对人们的特定活动进行规范，进而实现对人们思想的符合预期的改化。我国古代，很多知识分子都强调通过礼制来化民，认识到了礼仪制度对人性的规划作用，并且这种认识也被人们所普遍接受，因此，封建社会的统治阶级及其文化方面的代理人设置了各种各样的旨在规范人们行为的礼仪制度，不同的行为都要求在相应的礼仪制度的程序和步骤的指导下进行，这些关于礼仪活动的各类制度一经树立便具有了一种普遍的规范性。所以，礼仪制度往往被人们视为权威的，从而在人们心中确立一种观念、态度。比如古制的存在，由于它在民间的存在比较长久，已经融入人们的日常风俗习惯中，因此被社会大众认为是天经地义的，大众往往从儿时就默默地遵循着这些古制的规范和要求。正是因为制度本身就具有规范人言行的功能，封建统治者们时常假借古制的名义制定和颁布一些新制度，以此起到教化的作用。

二、创新的思想政治课程教学方法

（一）心理咨询法

心理咨询法是近年来新兴的思想政治教育方法，不仅解决心理问题，还帮助人们解决思想问题。具体来说，心理咨询法是指在思想政治课程教学中运用有关心理科学的理论和方法，通过语言、文字等媒介，给咨询对象以帮助、启发和教育，以使其认识、情感和态度有所变化，解决其在学习、工作、生活中出现的心理问题，来维护和增进他们的心理健康，促进思想提高，实现潜能开发的过程。从而使咨询对象保持思想的进步和身心的健康，更好地适应环境和发展人格。

心理咨询的对象不是患者，不同于医院的专业性心理治疗，主要是心理咨询专业人员针对学生存在的思想问题、心理失衡、情感问题和学习困惑，依据心理学的专业知识，给予疏导解惑。心理咨询是基于科学的一种教育手段，其进行不可能像一般的谈话那样随便，必须遵循一定的步骤，通过一定的环节才能逐步达到了解并引导受教育者的目的。心理咨询一般分为掌握材料、分析咨询、引导帮助和检查巩固四个步骤。心理咨询方法作为思想政治教育方法的一种，在高校越来越受重视，主要原因在于随着大学扩招，学生就业压力越来越大，导致不少学生对社会、对人生、对事业产生严重的焦虑感，进而产生迷茫情绪。另外，现在的学生大多是独生子女，当离开家庭独立在学校生活学习后，在人际关系、情感问题、竞争挫折等方面，往往出现不适应，需要及时地给予心理疏导和思想解惑。

（二）实践锻炼法

实践锻炼法即实践塑造法，是指通过组织、引导人们积极参加各种实践活动，进而不断提高思想觉悟和认识能力的方法。正确思想观念的树立单靠理论宣教还不够，还需

要与一定形式的社会实践相结合，才能使受教育的学生在实践中更加深刻地体悟所学理论。这一方法体现知行合一、理论和实践相结合的原则，可以使学生们在社会实践中运用马克思主义的基本理论、方法观察与分析问题。

实践塑造法主要包括服务体验法、劳动教育法、社会考察法等。服务体验法也叫社会服务法，就是通过让受教育者运用自身具备的知识、技能、体力等素质，为社会提供力所能及的服务，帮助人们解决学习、生活和工作中的实际问题，在奉献自身力量给社会的同时，获得对责任关系、道德关系的体验和教育，从而实现思想政治课程教学目的的方法。学校都设有种类繁多的社会服务组织，学生利用自己所学知识技能，力所能及地为社会服务，同时在服务过程中，使自己的思想和品德修养得到升华。劳动教育法是指让受教育者从事一定量和一定程度的生产劳动，使之在劳动过程中树立正确的劳动观念，培养热爱劳动、亲近劳动人民的感情，养成劳动习惯的教育。社会考察法要求受教育者带着一定目的或者问题去深入接触社会实际，在考察过程中，逐渐实现理论与实际的结合，获得正确分析问题、解决问题或发现问题的能力，从而使受教育者对理论的掌握更加透彻，对实际问题有更深的了解，自我判断、选择和分析能力得到提高。它是一种提高受教育者思想认识的方法，引导受教育者按照一定的计划、程序和方式去认识和研究社会现象，分析社会问题，进而使其在社会实践过程中有更好的实际经验。每个学年学生都会集体组织各种社会调查活动，了解国情、了解社会，也有许多学生在假期从事社会调查，撰写调查报告。

（三）环境熏陶法

环境也是一种教育资源。家庭、学校及社会等环境因素深刻地影响着公民的发展。这些环境因素与思想品德教育具有紧密的联系，对学生的思想政治教育起到潜移默化的作用，对他们的行为具有约束力并且具有隐形的感染力。环境心理学认为，人的行为与环境是相互联系、相互作用的。人塑造了环境，但同时又受到环境的影响，环境对人的行为具有一定的导向和约束作用。因而许多国家十分重视良好环境的建设，他们通过建设具有纪念意义的科技馆、博物馆对学生进行传统的民族主义教育和爱国主义教育。良好的校园环境可以陶冶学生的情操，培养学生的高尚道德品质，规范学生的行为，同时还可以提升学生的精神和灵魂，使学生在与环境的交互作用中得到引导、熏陶和启迪。在许多国家，有些历史悠久的大学，注意其历史传统的传承，他们重视在校风、学风、校园建筑、学校历史、校园活动等方面体现学校的核心精神和教育理念，通过渗透他们所提倡的价值观念，感化和熏陶学生，给他们以润物细无声的影响。例如有少数大学的考试实行"荣誉制度"，即所有大小考试均不设监考，教师发完试卷就走开，交卷前考生在卷子上签名保证无作弊行为。如果发现谁违反这一制度，一经核实立即开除，以此培养学生的诚实品德，增强自我意识和师生之间的相互信任。

第四章

加强大学生思想政治课程的教学研究

在全球信息化时代背景下，大学生思想政治课程教学的重要性不言而喻。因此，强化对大学生思想政治课程的教学效果，从而提升大学生对思想政治理论的理解与认同具有十分重要的意义。本章就来探讨与此相关的内容，首先阐述大学生思想政治课程教学的重要意义，然后分析当前思想政治课程的教学现状，最后探讨思想政治课程的教学改革。

第一节　大学生思想政治课程教学的重要意义

思想政治课程在大学生教育中发挥着主渠道的作用，是对大学生进行立德树人教育的主要阵地和场所。党中央对加强大学生思想政治课程建设也非常重视，发布了一系列文件要求加强大学生思想政治教育工作。对此，从事思想政治课程教学的教师要有充分的认识，积极响应党的要求和号召。

一、大学生思想政治课程的内涵

大学生思想政治课程作为一种特定的、专门化的学科，既具有一般课程所共有的思想内涵，更具有与思想政治教育实践和思想政治教育学科紧密联系的特殊含义。概括来说，大学生思想政治课程具有以下几个方面的基本内涵。

（一）大学生思想政治课程是一种学科课程

从课程类型的划分来看，思想政治课程属于一种学科课程，也就是以学科知识或理

论知识为基础建立起来的课程。学科课程是以学术学科为选择学习内容的依据的。它的主要特点：一是从知识本位和文化、社会需要出发设计课程；二是以知识的逻辑体系为中心来编排课程；三是重视学习系统的理论知识（间接经验）。学科课程重视学习系统的科学知识，有利于学生获得对客观世界的完整的认识。学科建设是加强和改进思想政治课程的基础。思想政治课程教学所依托的学科是我国特有的一门政治性、科学性和实践性很强的学科，只能加强，不能削弱。教育部的有关文件明确了思想政治课程的学科课程地位。

（二）大学生思想政治课程是一种德育课程

德育课程是与智育、体育、美育、劳育等相对应的课程。德育是一种培养学生思想政治素质的教育活动。从大学生思想政治课程的性质、教学目标和教学过程来看，思想政治课程是一种德育课程。

第一，从思想政治课程的性质来看。思想政治课程是一种集中无产阶级和广大人民群众意志，反映马克思主义意识形态要求，体现社会主义大学的本质特征的课程。思想政治课程所涉及的课程内容，事关学生的政治方向和思想道德素质，着力于培养学生的思想政治素质。由于在各种素质中，思想政治素质是最重要的素质，思想政治课程涉及的内容，事关无产阶级和社会主义事业的建设者和接班人的培养，它体现了社会主义大学区别于资产阶级大学的本质特征。

第二，从教学目标看。大学生思想政治课程属于德育课。2005 年 2 月，中共中央宣传部、教育部联合下发了《中共中央宣传部　教育部关于进一步加强和改进高等学校思想政治理论课的意见》，指出：高等学校思想政治理论课承担着对大学生进行系统的马克思主义理论教育的任务，是对大学生进行思想政治教育的主渠道。开展马克思主义人生观、价值观、道德观和法制观的教育，引导学生树立高尚的理想情操和养成良好的道德品质，树立体现中华民族优秀传统和时代精神的价值标准和行为规范。可见，大学生思想政治课程的目的与德育教育的目的是一致的。

第三，从思想政治课程的教学过程来看。思想政治课程与哲学社会科学和其他专业课程同为课堂教学活动，具有课堂教学活动的共同规律。但是，思想政治课程作为一门独特的学科课程，特点鲜明，其教学过程又具有自身特殊性。思想政治课程的教学过程本质是教师和学生以思想政治理论课程教学内容为中介的特殊的教育活动。思想政治课程教学过程既是对学生精神世界的建构过程，或者说特殊的认识过程；同时也是一种思想政治教育过程，即对学生有计划地、系统地施加教育影响的过程。思想政治课程是一种对学生思想、政治和道德发挥重要作用和影响的课程，有助于推进学生的全面成长成才，是涉及如何培养社会主义建设者和接班人的德育课程。

（三）大学生思想政治课程是一种以学生为中心的课程

从课程规划重点依据为出发点去讨论课程，以学科建设为主要依据的属于以学科为中心的课程；以学生的身心发展需要为主要依据的属于以学生为中心的课程；以社会需要为主要依据的属于以社会为中心的课程。

（四）大学生思想政治课程是一种显性课程

从课程传授的渠道角度去讨论思想政治课程，以课堂教学形式为主的是显性课程，以课堂教学以外的学校情境间接地产生影响的为内隐性课程。大学生思想政治课程是大学生思想政治教育的主渠道，有比较完善的学科体系和课程体系、编写规范的教材、固定的教师队伍、规定的教学学时、规范的教学管理。可见，思想政治课程属于显性课程。

（五）大学生思想政治课程是一种公共必修课程

从思想政治课程设置情况来看，思想政治课程是一种公共必修课程，是每个大学生的必修课。并且这种公共必修课程并不是由学校自行设立的，而是由国家统一设置的，因此可以称为国家课程。

思想政治课程在大学生的全面发展中起着重要作用。大学生的成长成才，需要学校的智育、体育、美育、劳育，更离不开德育。思想政治素质的提升对其他素质的发展具有导向和决定性作用，科学的世界观、人生观和价值观是每一个人健康成长的基础，是学生朝着正确方向将自己铸造成才的精神支柱。思想政治课程是中心课程，服务和服从于大学生全面发展的目标，促进大学生全面发展，是大学生思想政治课程的重要任务。

二、大学生思想政治课程教学的重要地位和作用

（一）大学生思想政治课程教学的重要地位

1. 大学生思想政治课程教学是中国特色社会主义建设事业中的一项重要工作

理论教育是中国特色社会主义建设事业的重要内容，更是胜利推进这一事业的重要保证。"一个党、一个国家、一个民族，特别是像我们这样的大党、这样的大国、这样人口众多的民族，如果没有正确的理论为指导，如果没有以正确理论为基础的强大精神支柱，那么，我们的党、国家和民族将是不可想象的，就会成为一盘散沙，就谈不上凝聚力、战斗力、创造力，就不会有美好的未来。"[1]

建设中国特色社会主义这一伟大事业，不仅需要科学理论的指导，而且必然产生富

---

1 江泽民. 论党的建设[M]. 北京：中央文献出版社，2001：87.

有指导意义的创新理论。这一事业自开创以来，我们党形成了毛泽东思想、邓小平理论、"三个代表"重要思想、科学发展观、习近平新时代中国特色社会主义思想。中国共产党人和中国人民以一往无前的进取精神和波澜壮阔的创新实践，不断推进改革开放的历史进程，打开了社会主义现代化建设的新局面，推动了我国以世界上少有的速度持续快速地发展。

2. 大学生思想政治课程教学是培养一大批德才兼备的社会主义现代化事业的建设者和接班人的重要途径

中国的大学生是国家宝贵的人才资源，是民族的希望、社会的栋梁和祖国的未来。要将大学生培养成社会主义现代化所需要的人才，必须通过加强思想政治课程建设，营造良好的政治文化氛围和融洽的校园人文环境，使学校真正成为"以科学的理论武装人，以正确的舆论引导人，以高尚的精神塑造人，以优秀的作品鼓舞人"的重要场所。思想政治课程的开设，就是为了让学生通过学校的教育，改变自身的思想政治水平，提高自身的思想政治素质，加强自己的社会主义的信念，让自己可以成为合格的社会主义的建设者和接班人，确保我国的社会主义事业在后辈人的手中传承和发扬。

（二）思想政治课程在大学生思想教育中的重要作用

1. 能够提高大学生政治素质

思想政治课程承担着对大学生进行系统的马克思主义理论教育的任务，是巩固马克思主义在高校意识形态领域指导地位、坚持社会主义办学方向的重要阵地，是全面贯彻党的教育方针、落实立德树人根本任务的主干渠道和核心课程，是加强和改进高校思想政治工作、实现高等教育内涵式发展的灵魂课程。大学生思想政治课程的教学过程，是坚持不懈传播马克思主义科学理论，讲清讲透习近平新时代中国特色社会主义思想的时代背景、重大意义、科学体系、精神实质、实践要求，全面推动习近平新时代中国特色社会主义思想进教材、进课堂、进学生头脑的过程。

2. 能够整合大学生思想政治教育渠道

在高校，教育者可以通过各种各样的渠道和方式对大学生进行思想政治教育，比如显性教育与隐性教育、直接教育与间接教育、理论教育与实践教育等。可见，大学生思想政治教育的方式和渠道有很多，对大学生的影响也是多方面的，但在这些有组织、有计划的教育活动开展之前，思想政治教育只是零星地为大学生所接触，它能够起到的效果也可以忽略不计。因此，大学生进行思想政治教育需要对不同的教育渠道和教育方式进行规划与整合，充分发挥每种教育渠道的教学特点，全面而具体地对学生形成影响，促进他们理论知识的转化，提高大学生思想政治课程的教学效果。整合大学生思想政治课程教育渠道的目的是将分散的、零星的教学方式统筹起来，从而更加全面地实施课堂

教育，促进大学生思想政治素质的提高。

大学生思想政治课程是一种直接以马克思主义理论与思想政治教育为教育内容的学科课程，在所有大学生思想政治教育渠道中，思想政治课程是系统性、整体性和理论化层次最高的课程，具有把其他多种教育渠道中的大学生思想政治教育因素进行整合的作用，使在其他教育渠道和形式下所形成的感性认识或零星的观点和思维在理论上得到提升，形成整体的思想政治素质的作用。

3. 能够引导大学生思想政治教育发展

思想政治课程对大学生思想政治教育发展具有"导向作用"。这种导向作用意味着大学生思想政治课程体现着思想政治教育的目的和方向，并能够对思想政治教育发展的方向和目标的实现造成直接影响，只有具备这个条件，思想政治课程才能引导思想政治教育的发展，成为思想政治教育发展的"向导"。思想政治教育的实施过程，实际上就是将理论和社会实践中的主导价值观，转化为学生思想政治观念的过程。理论教育对实现这种转化具有重要的作用，因为学生接触、接受和吸收这些知识大部分都是在课堂上完成的，因此我们说思想政治课程能够影响思想政治教育的目标和方向。

思想政治课程可以为学生提供理想信念导向，为他们理想信念的形成提供帮助。每个人都有自己独立的思想，并且根据自己的价值判断对所见到的事物进行评价和取舍，符合自己价值观的事物更容易被接受，而不符合自己价值取向的事物往往被排斥。思想政治课程向学生传递的是符合社会利益和人类发展利益的价值观，对学生理想信念的形成能够起到很好的引导作用。行为方式导向是指按照道德、法纪的准则、要求进行导向。理想信念导向、奋斗目标导向、行为方式导向，是三个不同层次的导向，这三个层次的导向是既相互区别又相互联系的统一整体。

4. 能够引导大学生正确处理道德信念危机

信念是认识、情感和意志的凝聚，是人们在生产、生活实践中所形成的对事物、观念的高度信服与绝对真诚，是人的精神活动的重要组成部分。同时，信念还能够赋予人们一种身体力行、执着追求的精神动力。从存在形式、发挥意义等方面来分析，道德就是信念的存在方式与活动方式。因此，道德信念不仅指一个人对于某种道德要求、道德理想、人生观的坚信，还包括由这种笃信所外化的履行某种道德义务的强烈责任感。由此可见，作为一种存在于人们内心的内化规范，道德只有被真心诚意地接受，才能在现实生活中被转化为人的行动。

社会经济的快速发展使社会上部分人的道德信念发生了偏离。部分大学生也由此受到不良影响，出现了道德信念危机，具体表现就是借贷不还、信用缺失、抄袭和剽窃别人的学术成果、考试作弊等现象的增多。

少数人道德信念的缺失所带来的消极影响是不容忽视的，不仅会使部分大学生缺乏基本的道德标准，还将使他们在目前的学习与未来的工作过程中出现种种不道德甚至违法行为。因此，应深刻认识到思想政治课程的重要性，通过思想政治课程引导大学生树立正确的道德信念。

5. 能够促进大学生美育工作的开展

大学生思想政治教育的主要对象是学生，他们思想活跃，充满活力，他们的思想领域是一个复杂而敏感的领域，这种特性也决定着高校的思想政治课程必须有针对性才能起到更好的效果。美育是着眼于培养全面、博学、高尚的社会成员，它与思想政治教育有着紧密的联系，并在内容设定上对思想政治教育产生一些独特的影响。从某些意义上来说，美育也是思想政治教育的一部分，因为美育更多的是指对学生心灵美的内在教育，这与思想政治教育的目的是一样的，二者只是在"心灵美"的范围和主体上有所差异，因此在思想政治教育中，我们完全可以利用美育的相关内容和方式作为思想政治教育的手段，提高人们的思想境界和层次。

第二节 高校思想政治课程的教学现状

就目前的情况来看，高校思想政治课程的教学现状基本面是好的，尤其在近几年的全国高校思想政治工作会议后，各大高校都逐步加强了思想政治课程建设力度，但少数高校也存在一些必须重视的困难与问题，概括来说体现在以下几个方面。

一、理论教学与实践教学脱节

高校思想政治课程是由课堂理论教学部分和实践教学部分组成的。打造高校思想政治课程魅力课堂，提高高校思想政治课程的实效性，必须同时注重优异的课堂理论教学效果与优异的实践教学效果。在高校思想政治课程教学中，课堂理论教学是基础，敷衍课堂理论教学，思想政治课程教学就会失去根本；实践教学是深化，轻视实践教学，思想政治课程教学势必流于空谈。目前一些高校的思想政治课程的实践环节还没有形成一套普遍有效可行的运作模式，以点带面现象突出，人为随意性较大，直接影响到思想政治课程社会实践的有效性。有的学校将实践教学等同于理论教学，认为那是教师层面的事情，学校负责组织的是诸如暑期学生社会实践这类的实践活动。有的学校利用假期要求广大学生开展社会实践活动，但对于如何确定有针对性的社会实践主题，如何选择合适的社会实践方式，如何实施具体的社会实践，如何撰写社会实践报告及社会实践的具体要求缺乏系统的培训和指导。这些问题存在的根本原因在于实践环节并没有真正纳入完全的思想政治课程的教学计划之中，理论教学和实践教学是相互脱节的。

二、只注重教师，不注重学生

在部分高校的思想政治课程教学中，教师起主导作用，忽视了学生的参与，具体体现在以下几点。

（1）一些教师要求学生接受抽象的知识，忽视学生主动探究、获取知识的主体能动作用。

（2）在思想政治的教学课堂上，学生不主动发表自己的观点和看法。

（3）针对大学生思想政治课程教学，部分教师一味地单向灌输知识，学生只是被动地接受。

教师是课堂教学的权威，但不能成为唯一"表演者"，让学生多发挥积极性，启发他们扩大思想空间。但部分教师利用多种信息资源与教学手段都是为了"教"而服务，并不是以学生的"学"为中心，这在很大程度上抹杀了学生的主体与个性，不利于学生学习效果的提高。

三、只注重形式，不注重内容

目前，部分思想政治课程的教师依然采取传统的面授教学方法，衡量教学效果往往看教师备课是否认真、讲课内容是否丰富、条理是否清晰等。不可否认，传统的教学方法、教学手段取得了一定的成果，但其越来越难以适应信息化时代教学发展的要求。一些思想政治课程的教师虽然在课堂上使用了多媒体教学手段，但是通常是在课前制作课件，在课堂上仅仅扮演"计算机操作员"的角色，将知识"机灌"给学生，教学方式只是从"照本宣科"变为"照屏宣科"，忽视了内容的讲授。

目前，部分教师在思想政治课程的教学课堂上，主要采用的还是讲授的形式，即使有些教师也采用其他方式，如课堂讨论等，但是整体上没有形成多元化、个性化的教学模式，教学内容、教学方法、教学手段没有真正达到有机结合。

四、教学方式缺乏趣味性

课堂互动是激发学生课堂听课兴趣、提升课堂教学有效性的有效手段，同时也是拉近师生距离的基本方式。沉闷、呆板无趣是当前部分高校思政课堂教学的"常态"，课上睡觉、逃课、课上打游戏等不良学习行为成为部分学生消磨时间的主要方式，而教师对这些学生的不良行为视而不见，让少数学生更加肆无忌惮，思政教育有时沦为一种形式，不仅浪费了教学资源，同时也给师生带来了负担。随着网络技术的不断发展，教师能够选择的教学方式越来越多，比如慕课、微课、翻转课堂等，但是由于受到应试教育的影响，不少教师都安于现状，习惯于采用传统的多媒体教学模式，未能达到信息化教

学的效果。兴趣是最好的老师，课堂教学缺乏趣味性就导致学生没有听课兴趣，所以学生就不愿意真正地把时间和精力投入到学习思想政治理论知识上，那么他们的思想政治理论水平就很难得到提高。

第三节　高校思想政治课程的教学改革

高校思想政治课程的教学改革是一个动态的过程，一直处于持续进行的状态。本节就对高校思想政治课程教学改革的原则与方法展开说明。

一、思想政治课程教学改革的原则

根据中央领导的讲话以及文件精神，不难发现其实我国思想政治教育工作的科学总结，也是指导思想政治课程教学的根本方法。总结起来，当前高校思想政治课程教学需要遵循如下原则。

（一）基础性原则

学生主体与教师主导相结合是思想政治课程教学的基础性原则。2010 年颁布的《国家中长期教育改革和发展规划纲要（2010—2020 年）》指出，要将学生作为主体，教师发挥主导作用，调动学生的主观能动性，把促进学生健康成长作为高校工作的出发点和落脚点。要对每一位学生给予关怀，促使他们积极地、主动地发展，对学生的身心健康要给予关注，对教育的规律也要给予尊重，为每一位学生提供更为合适的教育。

学生主体、教师主导与社会教育相结合原则有助于思想政治课程教学中对内部原因和外部原因之间的关系进行处理，也有助于对学校内部教育与外界环境教育的关系进行处理，从而有助于充分调动学生的积极性和主观能动性。这一原则是说思想政治课程教学首先需要教师发挥主导作用，其次在教师的主导下充分发挥学生的主观能动作用，使他们改变传统被动学习的现状，积极主动地参与到学习之中。同时，思想政治课程教学还需要社会力量的融入，将学校教育融入社会教育之中，从而更好地开放育人。从这一原则来看，其中包含了三大动力因素，即教师的主导动力、学生的主体动力、社会教育动力，也呈现出这三者之间的辩证关系。具体来说，主要可以从以下两点来理解。

1. 要看学生主体、教师主导及二者的相互关系

所谓学生主体，是指在思想政治课程教学中，学生能够将自己的主观能动作用发挥出来，即学生所特有的活力和创造力。受教师的指导作用，学生愿意参与到教学之中，自主完成学习，完成教师布置的课下作业，也愿意积极地、主动地将世界观、人生观、价值观视为导向，不断指导和规划着自己的行为。所谓教师主导，就是教师起着主要导向作用，起着主持教学的作用。作为教育者，在思想政治课程教学中，教师的主要作用

可以通过三个层面呈现：

（1）教师作为思想政治课程教学的组织者、责任人的角色，负责其主讲课程的全部教学活动的规划和设计，同时还要对每一次的教学活动的具体层面进行安排，包含该堂课教学活动的内容、目的、步骤等。

（2）教师作为思想政治课程教学坚持正确方向的导向者的角色，负责在教学中坚持党性原则，运用科学的理论来武装人，使用正确的、科学的教学方法来教导学生，并且及时更新。

（3）教师承担着思想政治课程教学对象的指导者的角色，指导学生以正确的态度、科学的技巧对思想政治课程的知识进行把握，从而使自己不断成为德才兼备的现代化人才。

学生主体和教师主导是内因和外因的关系。教师的主导对学生来说意义是巨大的，但是作为一种能够促进学生的外部动力，其作用和影响发挥如何还需要由学生本人决定。但是，学生如何将自己的作用发挥出来，朝哪个方向发挥，各位学生能否做到相互配合，又是由教师的主导和采用的方法决定的。因此，思想政治课程教学中教师应该将主导作用发挥出来，运用科学的方法不断带领学生进行学习。需要注意的一点是，教师的主导作用并不是传统教学中的"教师管一切、一言堂"，这样会极度地限制学生发挥自己的主动性。相反，教师应该从学生中听取建议，发挥学生自己的主观能动作用和个性特点，这样才能保证思想政治课程教学更具有生动性。

2. 要看社会教育及其与思想政治课程教学的关系

思想政治课程教学作为中华优秀传统文化与社会主义核心价值观培育的主渠道，其与社会教育是密不可分的关系。社会教育是除了学校教育外，其他所有教育的统称，是广泛层面上的教育。其中包含社会团体教育、社会组织教育、社会舆论、家庭教育、社会文化环境等，这些都会对人们产生影响和熏陶。当前由于社会信息化进程加快，社会教育的优势也凸显出来，甚至比学校教育更具优势。同时，由于社会教育有着丰富多彩的内容形式，因此具有极强的渗透和辐射作用。学校教育应该对社会教育资源加以利用，增强教育的力度和效能。但是，社会教育的影响既有显性的又有隐性的，既有自发的又有自觉的，既有有组织的又有无组织的，既有正面的又有负面的。

相较于学校教育，社会教育大多为隐性的、无组织的、无意识的，而这样的形式偶尔会产生一些负面影响，因此思想政治课程教学与社会教育相结合时，要充分发挥学校教育的积极性，自觉抵制可能存在的一些负面元素，实现学校教育与社会教育的协调统一。

就社会教育来说，各个组织、各个社会成员都应该承担自己的责任，不断提升自我

教育的能力，提升自身的素质，对社会形象不断进行维护，有助于降低或者消除社会上个别教育的负面性。思想政治课程教学如果从自身的教学内容出发，引导学生参与一些社会上的讨论和活动，有助于将社会教育转向学校教育。

（二）根本性原则

方向性、思想性与科学性相统一原则是思想政治课程教学的根本性原则，也直接体现着思想政治课程的特征。其中方向性体现了思想政治课程教学需要明确教学的阶级立场，也体现了思想政治课程教学需要明确的目的。思想性体现了思想政治课程教学对人的价值、人的精神动力是非常重视的，也侧重于思想观念对人的行为的影响。科学性体现了思想政治课程教学在内容上、方法上、思想上应该保证正确，能够为实践提供一定的理论基础，并且能够经受住历史的考验，实现以科学的方法武装人与培育人。

思想政治课程教学坚持的方向性、思想性、科学性的统一并不是后天人为结合而成的，而是其本身具有内在的统一性。坚持科学的世界观、人生观、价值观，思想政治理论课教学才能更好地发挥精神的作用。反过来说，如果坚持将社会主义核心价值观等放在首要的位置来抓，运用科学的教学方法，不断提升学生的素质，那么就必然会落实上述理论的指导。

思想政治课程教学中坚持的方向性、思想性和科学性的内在统一是因为其具有真理性和价值性。一种科学如果具有了真理性的特点，那么其必然也具有了价值性。思想政治课程教学的科学性其实与真理性有着同等的含义，而其方向性和思想性与价值性等同。一方面，思想政治课程教学的方向性、思想性就要求教育应该为实现中华民族的伟大复兴目标服务，并且不断努力为广大人民群众服务；另一方面，思想政治课程教学服务于教育对象个人的成长，服务于教育对象全面的发展，从而最大限度地实现教育对象自身的人生价值和社会价值。这其中既涉及了思想政治课程教学对推动人类社会进步所发挥出来的社会价值，还包含思想政治课程教学对于促进个人进步和个人成长的价值。

思想政治课程教学之所以可以实现社会价值和个人价值，是因为其具有真理性，也就是具有科学性。如果缺乏科学性或者真理性的教育，那么就很难实现社会价值或者个人价值。换句话说，思想政治课程教学必须具有科学性和真理性，这样才能保证其方向性和思想性的实现，从而保证三者的统一。

（三）宗旨性原则

面向全体、因材施教与终身教育相结合原则是思想政治课程教学的宗旨性原则，这是对思想政治课程教学中处理普遍性与特殊性关系、处理整体性与局部性关系、处理连续性与阶段性关系的要求。

面向全体要求思想政治课程教学不是面对某一个人，而是面向所有的大学生，让他

们都能接受到思想政治教育。无论学生进入大学后学习的是什么专业，思想政治课程都是他们的一门必修课程，思想政治课程教学首先要考虑所有大学生的共性问题，选择合适的教学方法、教学内容进行全面教学；其次要因材施教，要求思想政治课程教学也要考虑学生所在的专业、所达到的层次、所具有的学历，来选择不同的教学方法和技巧，来设计不同的教学方案。此外，因材施教还要求思想政治课程教学具有层次性，同时一步步展开，并且阶段之间也需要有贯穿和衔接，从而才能保证教学的可持续性。

面向全体和因材施教相结合是与共性和个性相符合的，也与普遍性和特殊性这一规律相符，同时还是针对德育的全面性来展开的。加强学生的马克思主义理论和思想道德修养是提高他们文明素质的重要层面。今天，物质文明和精神文明都非常发达，学生也逐渐具有了较高的文化层次，因此他们更应该不断提升自己的思想道德修养，学习马克思主义理论，但是还需要满足矛盾的特殊性，具体问题具体分析，不能不分阶段和层次，采取"一刀切"的做法。如果不能做到针对性的教育，那么就很难实现全民性的教育。

总之，不管是普遍性与特殊性的统一，还是全民性与针对性的统一，都说明了思想政治课程教学在面向全体的同时还需要做到因材施教，也能体现出二者结合的合理性与必要性。

除了面向全体和因材施教，还需要结合终身教育。所谓终身教育，是指对已经毕业的学生、成人、在职人员进行的教育。由于社会在不断发展，科学也在不断进步和更新，人们受教育的要求也会随之不断发展。人们只有不断地去接受教育，才能不断提升自我，才能适应当前社会的需要，如果人们受教育中断，将很快被这个社会淘汰。因此，终身教育逐渐在人们的生活中占据重要地位。也正是由于社会的发展及自身的需求，目前的继续教育有很多种，层次和形式也明显不同，规模也在不断扩大。但是，这不仅是为了提升和更新自己的知识，还是为了提升和更新自己的观念，因此终身教育的内容不仅涉及科学文化知识，还涉及思想道德教育。很明显，这与面向全体的目标和要求有着一致性。

（四）方法性原则

主动灌输、启发探究与贴近现实相统一原则是思想政治课程教学的方法性原则，也是思想政治课程教学途径和方法的根本要求。在建设中国特色社会主义伟大事业中，需要将社会主义核心价值观传授给人们，使人们认识到当今社会的局面。随着我国改革开放的推进，以及经济的不断发展，思想逐渐跨越了国界，很多国外的思想也不断涌入中国，因此也在部分地区出现拜金主义、享乐主义等现象，少数人的思想信念也出现了偏离现象。但是，这也体现出我们必须坚持马克思主义，因此在对学生展开马克思主义理论教育时，一定要通过思想政治课程教学来实施，要从正面不断引导学生，专门设立足

够的课时，并需要对学生进行考核。总之，如果没有灌输，那么就很难进行教育，从而也无法将思想政治课程教学融入整个教育体系中。

现阶段，对学生进行马克思主义的思想教育是具体的、生动的，因此要想保证主动灌输和启发探究收到良好的效果，在思想政治课程教学中就要努力贴近现实，这是思想政治课程教学工作展开的必然要求。

所谓贴近现实，是指要贴近实际、贴近生活、贴近群众、贴近学生的思想，从客观实际出发，贴近社会的政治、经济、文化的主体生活，弄清楚学生的思想状况和特点，针对实际对象和自身特点，面对他们在思想理论上最关心、最普遍的问题，引导其正确认识这些问题，从而有针对性地展开思想政治教育工作。总之。只有做到主动灌输、启发探究与贴近现实原则的有机统一和结合，才能使思想政治课程教学收到良好的效果。

二、思想政治课程教学改革的方法

加强对教学方法的研究，吸收借鉴国内外教学方法的优点。灵活运用教学方法，注重创新，对思想政治理论课教学改革具有推动作用。

（一）启发式教学法

研究任何教学方法都离不开"启发"。政治理论课程要将注入式的教学方法加以改变，将启发式的教学方法应用现实教学中。启发式教学指的是教师根据课程教学的目的与内容，结合学生的思维状况，在遵循教学的客观规律的基础上，将学生的主动性和积极性充分地调动起来，巧妙利用精湛的教学艺术引导并启发学生进行学习活动，使学生在接受知识的同时，思维能力也得到提高。在启发式教学中，教师发挥着主导作用，学生是课堂的主体，学生在教师的启发下主动、自觉地思考，从而完成知识的学习。

1. 思想政治课程运用启发式教学方法的必要性

（1）启发式教学有利于消除"注入式"教学的弊端，推动政治理论课改革。启发式教学是与"注入式"教学截然不同的一种教学方法。二者的不同主要体现在以下三个方面。

第一，二者的认识活动的主体存在差异，在启发式教学中，学生处于主体的地位；在"注入式"教学中，教师处于主体的地位。

第二，二者的认识基础存在差异，启发式教学是积极的，学生主动地展开学习；"注入式"教学是消极的，学生被动地展开学习。

第三，二者的教学活动结果存在差异，启发式教学侧重于提升学生的素质，更好地培养人才；"注入式"教学只注重教，忽视学生的学习，忽视培养学生的能力与提高学生社会主义思想觉悟。

（2）启发式教学与马克思主义反映论原理是相符合的。根据辩证唯物主义反映论，认识是人脑对客观现象、客观事物的一种反映。这一反映有可能是积极的，也有可能是消极的，有可能是能动的，也有可能是被动的。启发式教学恰好是将学生的积极性和主动性调动起来，使学生愿意积极主动地学习思想政治相关知识。

（3）启发式教学是学生创造性学习的前提与基础。采用启发式教学方法进行思想政治课程教学，通过教师的启发，学生可以从新的角度来剖析教材、认识新事物，提出新颖的观点，这有利于开拓学生的思路，激发学生的学习积极性，为学生进行创造性学习奠定基础。

2. 思想政治课程运用启发式教学法应注意的问题

在思想政治课程中运用启发式教学法，要想取得更好的教学效果，教师应注意以下问题。

（1）深入钻研教材，设计具有启发性的问题

教材是教学的基本依据。思想政治课程要具有启发性，应充分挖掘教材中具有启发性的问题。因此，思想政治课程教师应深入钻研教材，厘清教材的逻辑结构，总结教材的内容特点，找出富有启发性的内容，并将这些内容设计为具有启发性的问题。引导学生积极思维对于启发式教学而言十分重要，其起点在于教师提出的问题，因此教师应该多提出问题，让学生不断进行思考，进而为学生解答难题，培养学生举一反三的能力和水平。

（2）充分了解学生

启发式教学要求思想政治课程的教师要充分了解学生，如学生的心理状态、生活经验、认知能力、知识水平、思维水平等，其中知识水平与思维水平是最重要的部分。心理学理论认为，教师在教学中所讲授的内容远高于学生现有的知识水平，从而扩展学生的认知范围。此外，思想政治课程教学对象的思维水平一般比较高，但是由于专业不同，其思维水平也必然存在差异，教师应重视这些差异，提高教学的针对性。只有对学生的实际情况有一个全面的了解，才能因势利导，将启发式教学落到实处。

（3）安排作业，善用学习反思

课外学习是课堂教学的补充与拓展。学生在课堂上学习到的思想政理论知识只有通过课外学习才能得到巩固。因此，思想政治课程的教师应注意以作业的形式作为学生参与课外学习的线索，使学生通过在课外查找有关资料来对学习内容进行反思。

（4）建立融洽的师生关系，营造良好的氛围

在运用启发式教学进行思想政治课程教学时，师生之间融洽关系的建立有利于充分

发挥教师的主导作用，充分调动学生的主动性，从而有利于启发式教学的成功实施。由于大学生的独立意识较强，教师应注意尊重学生的独立人格，做学生的知心朋友，多关心、爱护学生，循循善诱，因材施教，激发学生的参与意识，使其自觉地充当学习主体，从而产生积极的教学效果。

（二）谈话教学法

所谓谈话教学法，指的是"在教师的引导下通过问答对话形式来传递和获取知识的教学方法"[1]。采用谈话教学法进行教学，教师与学生可以共同参与教学活动，不仅让教师和学生之间加强了交流，也能让教师和学生都获得反馈。

1. 思想政治课程运用谈话教学法的优点

在思想政治课程中，运用谈话教学法具有如下几个方面的优点。

（1）有利于使课堂教学效果得到及时反馈，有利于促进师生之间的交流。

（2）有利于学生主动思考，有利于培养学生分析问题的能力、判断能力及语言表达能力。

（3）有利于将学生的注意力集中起来，让学生主动积极地进行思维。谈话教学法有利于启发学生的积极思维，是思想政治课程中不可或缺的教学方法。

2. 思想政治课程运用谈话教学法应注意的问题

（1）谈话应面向每一位学生。教师可以采取点名或学生主动举手的办法，鼓励层次不同、类型不同的学生主动参与，积极主动地进行思考。

（2）教师所提出的问题应符合学生的实际情况，并且提出的问题也应该具有明确性、具体性，不能泛化，在难度上也应该适中，不应该过于困难，也不应该过于简单。

（3）教师应根据教材内容、教学目标提前进行准备，明确将要提问的问题，以及提问问题的顺序，提高针对性，从而取得良好的教学效果。

（4）教师应把握好语言的艺术运用。采用谈话教学法进行思想政治课程教学，语言是一个十分关键的要素。在教学过程中，思想政治课程教师需要注意以下几点。

第一，概念明确。负责思想政治课程的教师在表达与叙述马克思主义理论时，应确保概念明确，避免使用含糊不清的词语，只有将马克思主义理论思想的内涵与观念准

---

1 刘素芬. 思想政治理论课改革衔接：以大、中学校衔接为例[M]. 北京：社会科学文献出版社，2009：184.

确、清晰地表达出来，学生才能准确地把握该理论的内涵，从而有利于指导实践。

第二，发音标准。在教学过程中，负责思想政治课程的教师应采取标准普通话展开教学，使学生听懂其所讲授的内容。

第三，情感浓郁。思想政治课程相对严肃，但是并不死板，教师应充分发挥语言文字的作用，做到以情育人。教师应通过真挚的感情来展开教学，引导学生树立高尚的人生追求与价值理想，而不是利用自己的身份与权威管理学生。

（5）在谈话结束后，教师应该做好总结，并给予点评。如果不这样做，那么学生就不能获得正确的结论。因此教师要在对教材内容进行全面掌握的基础上做好点评与总结工作。

（三）案例教学法

案例教学法指的是教师在理论与实际结合的基础上，将设计好的典型案例提供给学生，通过师生与生生之间的双向、多向互动，共同讨论，从而得出结论，得到问题的解决方案，加深学生对马克思主义相关理论的认知，使学生逐渐学会使用马克思主义理论来解决实际问题的一种教学方法。

1. 思想政治课程运用案例教学法的原则

一般来说，负责思想政治课程的教师采用案例教学法应遵循以下原则。

（1）启发诱导原则

在思想政治课程教学中，采用案例教学法建立在案例研究的基础上，通过讨论的方式使学生积极参与，并不只是一味地让学生阅读，一味地对其进行讲授。采用这一教学法，教师的主要作用是启发诱导，采取恰当的方法引导学生进行独立思考，培养学生独立解决问题的能力。如果学生意见不一致，教师应使其各抒己见，互相讨论，从而逐渐将认识统一起来，此时教师并不应该给予过早的意见，否则很难让学生将自己的想象力和创造力发挥出来。

（2）循序渐进原则

思想政治课程运用案例教学法进行教学是否成功，其关键在于教师和学生能否配合得当，如果学生本身的理论素养存在差异，那么学生就很难进行案例的分析，这样的案例教学也必然存在问题，也就失去了最初的意义，这就要求负责思想政治课程的教师应遵循循序渐进原则。教师应该认识到学生的学习必然是一个过程，学生通过对案例进行不断的分析，不断地展开层次性训练，逐渐形成独立思考、解决问题的习惯。

（3）方向性原则

在思想政治课程教学中，运用案例教学法进行教学通常采取学生小组讨论的方式，教师要注意对学生的引导与调控，避免讨论偏离目标。同时，思想政治课程肩负着对学生进行思想政治教育的重要任务，如果学生在参与讨论的过程中出现了方向性的问题，教师应该给予纠正和正确的引导。

2. 思想政治课程运用案例教学法应注意的问题

在思想政治课程教学中，运用案例教学法应注意以下几个问题。

（1）注重案例教学的效率，建设和发展思想政治课程的案例

在思想政治课程中，采用案例教学，从案例选择、设计到教学过程的组织，教师都应精心安排，适当采用现代化的教学手段，激发学生的兴趣，提高教学的效率。在思想政治课程教学中，案例教学模式的深化与推广，既要更新教育理论，同时还应注重建设与发展案例库。根据思想政治课程的教学内容，建设大容量、高质量、具有完善更新机制的案例库是目前思想政治课程实施案例教学的重要任务。

（2）发展和改革思想政治课程公共大课的授课方式

目前，很多思想政治课程教学采用的是大班式教学的方法。这在一定程度上节约了教学资源，但是师生之间缺乏互动交流，学生之间难以展开充分普遍的讨论，教学难以做到以学生为中心。因此，发展和改革思想政治课程公共大课的授课方式显得尤为重要。

（3）注意案例教学的具体性与思想政治课程的抽象性、理论性的融合

融合案例教学的具体性与思想政治课程的抽象性、理论性十分重要。但是，部分思想政治课程教师没有意识到这一点，在选择案例时准备不充分，从而造成案例不能说明理论，理论不能支持案例的情况发生，进而影响案例教学法的效果。因此，教师在选择案例时，应注意案例与理论之间的关系，使二者有机地结合起来，从而使案例教学法获得应有的教学效果。

（四）混合教学法

这里所说的混合教学法主要是指通过 VR 技术与计算机网络技术有机结合，在传统课堂教学模式的基础上创建 VR 教学课堂。我们知道，VR 技术不仅能够用于娱乐，而且还能与教学过程有机结合，促进我国教学领域的发展。所以，高校要清楚地认识到这个问题，加大对 VR 技术引入力度，在教学过程中合理地利用 VR 技术，扩展教学方式，激发学生的听课兴趣。高校思政理论课程涉及《思想道德修养与法律基础》《中国

近现代史纲要》《马克思主义基本原理》《毛泽东思想和中国特色社会主义理论体系概论》以及《形势与政策》这五门课程，实际上这五门课程之间存在着很密切的联系，如果我们能够借助 VR 技术与计算机技术将这五门课程联系起来开展教学，那么就可以提高学生的学习效率。最好的教学方式能够带给学生全面的感受，比如让他们能够在视觉、听觉、嗅觉等方面感受到不同，这样才能更高效地教学，同时让教学过程更具趣味性。VR 技术能够应用到理论教学过程中，其与计算机互联网技术相互结合能够极大地提高高校思想政治课程的教学效率。这是因为，计算机互联网技术能够为理论教学过程提供保障，而 VR 技术则能够"还原"历史，给学生更强烈的视觉冲击。

（五）情景教学法

情景教学法就是要遵循反应论的原理，充分利用形象，设立生动的场景，以此来调动学生学习的情绪，从而帮助他们从整体上理解并运用知识的一种全新教学方法。利用 VR 技术我们可以在教学过程中构建出一个虚拟的环境，让学生成为虚拟环境中的角色，激发学生学习的激情。为了能够更好地利用 VR 技术促进思想政治课程实践教学，首先应该在高校建立思想政治 VR 实践教室，为学生提供实践场所，构建情景教学环境。在这个 VR 实践教室，我们应该在全国范围内"采集"红色资源，扩大 VR 实践教室的作用，丰富实践教学内容。而 VR 技术能够把动态视频、三维动画、各种语言以及声音等元素与环境统一起来，刺激学生全身的感官系统，以此来保证学生能够在 VR 实践教室感受到亲临红色教育基地的感觉，激发他们的爱国主义精神。将 VR 技术应用到思想政治课程的实践教学过程是对高校思想政治课程教学改革的重要表现和积极探索的举措，同时也是提高思想政治课程教学质量的有效手段。

第五章

拓宽大学生思想政治
课程教学的文化路径

　　大学生的教育环境纷繁复杂，主要包括社会环境、学校环境和家庭环境。其中，学校环境依据其构成要素，分为校园学习环境、校园科研环境、校园精神环境、校园物质环境、校园制度环境等。国家要求大力建设社会主义校园文化，形成优良的教风、学风。如今，在社会环境和校园环境的界限越来越模糊的情形下，现代社会新生的环境因素，如虚拟网络环境、市场竞争环境、社会风险环境、大学城建设环境等，对校园环境有着深刻的影响。但是，社会环境对大学生来说仍然以校园环境为过渡阶段，同时校园环境对社会环境也能发挥能动作用。因此，如何建设校园环境是各高校及其思想政治教育要面对的主要问题。本章侧重探讨校园文化建设和大学生思想政治教育之间的一些问题，包括校园文化对大学生思想政治教育的重要作用、校园文化建设中的问题及校园文化的繁荣。

第一节　校园文化对大学生思想政治课程教学的重要意义

　　大学校园文化是随着学校的产生而出现的。它作为一种文化形态，既具有文化所有的内在规定性，又有高校自身的规律性和独特性。但是，由于有关"文化"概念的理解千差万别，不同的文化观势必影响着对"校园文化的内涵是什么？"这一问题的理解。本节就对校园文化的内涵、结构及其对大学生思想政治教育的重要意义进行说明。

一、校园文化的内涵

"校园文化"这一概念最早由美国著名的文化学家沃勒在其 1932 年出版的《教育社会学》一书中提出。校园文化概念的提出，对于校园文化的理论研究和实践运用具有里程碑意义。我国校园文化理论的研究起步较晚，一般以 1986 年由共青团上海市委召开的"校园文化理论研究会"为发起阶段的标志。校园文化作为一种特殊的文化现象和社会文化的子系统，其有着丰富的文化内涵。近年来，专家学者从社会学、教育学、文化学等不同角度对校园文化进行了详细的阐释。

潘懋元教授在《新编高等教育学》中指出，应从广义和狭义两个角度分析校园文化。广义的校园文化是学校生活、发展的一切存在方式的总和，主要群体是在校园内进行实践活动的教职工和学生，其在物质产品、制度氛围、精神财富和行为方式上具有独特性，具体可分为物质文化、智能文化、精神文化和规范文化等。狭义的校园文化是对带有校园特色的办学方针、校风、教风、研风、学风、行为习惯、制度规范、校园精神等价值理念的高度凝练和总结概括，这些价值理念是高校全体教职员工和学生在长期的学习、教学、组织、科研、交往、管理中，逐步形成和积淀下来的，指导着师生的校园实践活动。

笔者认为，校园文化是以"社会主义先进文化"为理论基石，以"育人为先、以人为本"为行动指南，以"校园整体育人环境"为土壤依托，以"校园精神建设"为核心灵魂，以"校园制度方针"为运行准则，以"校园行为实践"为活动平台，以"教师发挥主导作用、学生坚持主体地位"为互动方式，由全体教职员工和学生在长期的教学实践、学生管理、校园生活等方面共同创造的物质财富和精神财富的总和，是涵盖物质、精神、制度和行为四个方面，具有鲜明的时代特征和学校特色的组织文化。

二、校园文化的结构

在国外，前苏联著名教育实践家和教育理论家瓦·阿·苏霍姆林斯基，着重从文化的构成及参与主体的角度进行分类，认为校园文化应该包括以下几个方面的内容：校园物质文化建设、精神文化建设、行为文化建设、制度文化建设、教师文化、学生文化、校长文化等方面。这七个方面内容比较全面、系统地阐述了校园文化的结构。苏霍姆林斯基校园文化的思想扩大了我国校园文化建设的视野，丰富了校园文化建设的理论和实践经验。

在国内，关于高校校园文化的结构，主要有三种说法：一是校园文化"三体系"说，即高校校园文化包含物质文化、制度文化、精神文化这三个相互渗透、相互影响的结构体系；二是高校校园文化"四方面"说，即校园文化包括物质文化方面、精神文化方面、制度文化方面、行为文化方面，其特点是单独将校园的行为文化动态特征作为一

个重要方面来研究；三是高校校园文化"六要素"说，即校园文化包括环境文化、学术文化、科技文化、艺术文化、阵地文化、网络文化等六个要素。

从校园文化的结构角度分析，笔者更倾向于"四方面"说。因为"三体系"说并没有将行为文化单独列出来，而是将其融入其他三类文化中，但是在学校的实际生活中行为文化在校园文化生活中的作用不可忽视，不能笼统地融入其他文化中，应该以一种较为独立的方式存在，并值得深入研究。而"六要素"说将校园文化划分得有些偏细，过于微观，不容易形成一种系统性的学说。"四方面"说既将校园文化的几个重要的方面加以分类，又不至于划分过细，影响理论的指导性和普适性，以下给予具体的阐述。

（一）校园物质文化

校园物质文化是一种以客观存在的物质为具体表现形态的校园文化，是一切物质性对象的有机统一体。校园物质文化受校园文化参与者的影响和支配，通过客观的物质环境激发人们的深层感受，是校园制度文化、精神文化和行为文化的承载客体和外在表现形式。其不仅彰显着学校良好的外在风貌，还承载着学校独特的文化精神和时代理想。

校园物质文化主要分为自然环境、教学环境和文化生活环境三部分。其中，自然环境包括校园所处的地理位置、气候条件和风貌地形等。教学环境包括校园的教学设施、教学场所、教学用具、科研实践场所和师资力量等。文化生活环境包括校园的绿化、校园特色建筑、各种文化娱乐设施和寝室生活基础设施等。

独特而富有韵味的校园物质文化有两大重要作用。一是装点校园、美化环境，为学生提供先进的教学环境和舒适的文化生活环境；二是增强师生的集体归属感和凝聚力。富有特色的校园建筑、整齐划一的宿舍环境和赏心悦目的校容校貌在潜移默化中影响着师生的内心感受，促使他们自发地产生集体归属感，自愿爱护校园环境和公共设施，增强了学校的凝聚力和向心力。

（二）校园精神文化

校园精神文化是以内隐形式存在的，需要全体师生置身于校园文化氛围中，经过感受、认同、践行、创新等一系列过程孕育出来的价值观念和意识形态的总和。学校的历史文化、传统精神和地域特色在校园精神文化建设的产生和发展中打上了深深的时代烙印。校园精神文化是校园文化的内驱动力和核心灵魂。

校园精神文化主要分为学校传统理念、价值观念和人文精神氛围三部分。其中学校传统理念包括学校的校风、教风、学风、校训、办学理念和富于地域特色的传统精神等。价值观念包括校园人的世界观、人生观、价值观和道德观。人文精神氛围包括校园人的精神状态和人文情怀。

丰富而多元的校园精神文化具有两大重要作用。一是感染和引导学生树立正确的世界观、人生观、价值观和道德观，自觉践行和宣扬学校独特的精神追求和核心价值，增强集体观念和主人翁意识。二是树立良好的学校精神风范，增强学校的强大生命力、凝聚力和感召力，向社会展现学校独特的精神标签和文化名片，彰显校园精神文化的深厚底蕴。

（三）校园制度文化

校园制度文化是学校以国家的教育方针和现代社会对人才综合素质的具体要求为理论基础，以学校自身的办学宗旨和教学理念为行动指南而制定的，需要全体师生共同认同、遵循和践行的，以条文形式为外显表现状态的所有规则的总和。

校园制度文化主要分为学校的教学体制、组织条例和行为规范三部分。其中教学体制包括办学理念、培养目标和教学管理条例等。组织条例包括学校职能部门的设置规定、各个职能部门的职责分配办法及各院系的运行章程和具体实施细则等。行为规范包括校纪、校规、学生活动行为准则、道德规范和服装仪表等。校园制度文化具有强制性、系统性和规范性的显著特征，是校园文化建设活动的行为准绳。

规范、健全的制度文化有三大重要作用。一是规范学生的行为方式和道德认知，培育德智体美劳全面发展的综合人才，形成良好的学校风尚；二是协调组织管理各部门之间、学校与二级院校之间的关系，提高管理水平和工作效能，保障学校健康快速地运行；三是指导和监督校园物质文化、校园精神文化和校园行为文化建设的前进方向和发展动态，为校园文化建设提供行动指南和制度保障。

（四）校园行为文化

校园行为文化是以外显状态存在的，使全体师生在受到校园物质文化、精神文化和制度文化的启迪与熏染后自觉转化为个人的内在品质，并借助校园主体的活动这一物化工具展现出来的文化形态的总和。校园行为文化具有动态性、创新性和开放性的显著特点，受到时代文化背景、校园物质文化、校园精神文化、校园制度文化和学生自身认知态度等多重复杂因素的影响和限制。

校园行为文化分为教学行为文化、管理行为文化和服务行为文化三部分。教学行为文化包括教风考风建设、教学科研、学术讲座等活动。管理行为文化包括网络文化管理、公寓文化管理和文体活动管理等。服务行为文化包括生活娱乐、社团活动、宿舍文化、人际关系等。

多样而自由的校园行为文化有三大重要作用。一是提高校园文化建设的整体水平。作为校园文化建设的动态因子，校园行为文化可以通过学生的实践活动及具体表现检验校园文化建设的教学成果。二是培养学生综合素质，校园行为文化通过丰富多样的活动

帮助学生提高自身修养，约束行为举止，树立正确的价值取向，调节心理，推进学校德育工作的开展，培育德智体美劳综合人才。三是提高学校管理效能，孕育和谐校园文化氛围。健全完善的网络文化管理、公寓文化管理和文体活动管理体系为生活娱乐和社团活动的开展提供了管理范例，使学生在自由、开放的校园文化氛围中学习和成长。

三、当前高校校园文化的特征

随着我国改革开放和全球化步伐的日益加快，随之而来的文化多元化、意识形态多元化、生活方式多元化等，呈现由"一"到"多"的特点，且当下信息高速传播，渠道日趋丰富，外来文化冲击着原有的文化模式和思维方式，使当下的校园文化呈现出新的特点。

（一）文化理念上开放性与传统型交融

校园文化作为校园里的一种精神文化，对学生的教育引导功能是十分明显的，因而它必须是在长期的实践检验中不断完善和延续而形成的。校园文化元素本身就包含了相对稳定和传统的成分，在历史的积淀中，逐渐被广大师生所接受，具有一定的社会影响力。但现代社会，新的文化思潮带来了与许多传统不太相同的理念，若一味地因循守旧，延续陈旧的做法，必然会和学生当下的生活理念发生冲突，容易遭到质疑。校园文化必然要兼收并蓄，广泛吸收新文化理念，进行加工改造，以更具时代色彩的新形式出现，从而为己所用。因此，校园文化本身又必然具有一定的开放性，应主动融入学生的学习生活中去，实现双向互动。

（二）内容上丰富性与复杂性并存

全球化带来了物质和文化上的极大丰富，新的观念和方法也随着文化一同被注入人们的生活。不同文化之间不可避免地互相渗透、吸取，这种互相吸收和补充，形成了"你中有我，我中有你"的局面。但这也对原有的文化观念提出了挑战。如何做好不同文化的相互融合，做出正确的价值判断，需要较高的判断力和分析力，这对个人素质提出了要求。当前在校的大学生正处在身心快速发展的阶段，他们涉世未深，阅历较浅，对很多社会现象还不能很好地把握，且极容易受到鼓动和影响；加上国际上社会思潮的进入，在为学生们的成长提供机遇的同时，也给各高校提出了培养的难题。因此需要提升学生的文化甄别能力，这样才能尽可能地避免负面效应。

（三）文化选择上多元性与甄别性共生

当下的文化交融日益增多，学生在校园里接受各种文化气息的熏陶，思维活跃，善于思考，因此不同类型的文化在大学校园里很容易引起共鸣，产生作用。要进行选择，做出适宜的价值判断，学生们必须进行全面的了解，凭借敏锐的观察力，通过缜密的分析，根据自身实际情况做出取舍，这样才能促进个人的健康发展。在当前多元文化背景

下，本土文化被越来越多的国外文化观念影响，不能简单地沿用和吸收这些异域文化，而要对其进行甄别。校园文化建设是对学生进行思想引领的重要方面，对学生的世界观、人生观和价值观有着深刻的影响。

（四）评价标准上创新性与变化性相依

校园文化建设的目的是要实现育人的效果。不同的时代背景和社会需求，对人才的要求也是不同的。学校培育的人才要能适应社会发展，实现自我的完善，因此育人的理念不是一成不变的，要能与时俱进，适当地进行调整。当今社会，全球联系广泛加强，高新技术快速更新，经济发展日新月异，文化交融错综复杂，这对学校育人提出了更高的要求，要求高校培育出满足社会多元需求的复合型人才。这就要求学生要有国际化视野，与经济全球化、教育国际化和文化多元化等时代特点相适应，全面提升综合素质。因此，校园文化的评价标准也会随之发生变化。

四、校园文化的功能以及在大学生思想政治课程教学中的作用

作为高校德育建设的重要组成部分，校园文化肩负着提升高校思想政治工作内在活力和外在影响力的双重使命。强化校园文化建设在高校思想政治教育中的功能与作用是推动高校教育体制改革、培养技术技能型人才、推进高校思想政治教育工作、加快社会主义精神文明建设的时代要求。

（一）校园文化的功能

校园文化的功能是校园文化理论的重要内容。弄清校园文化的功能是校园文化建设的必然要求，因为它是校园文化外在作用的具体体现。人们对研究校园文化价值和意义的理解直接反映到对校园文化功能的认识上，对校园文化功能的认识定位也会直接影响到建设优秀校园文化的动力和积极性。

1. 约束规范功能

校园文化在高校思想政治教育中的约束规范功能，是指校园文化通过各种建设方式约束和规范全体师生员工的日常行为举止和谈吐表现，使学生之间、师生之间、部门之间能够相互尊重、减少摩擦、和谐共处，营造融洽而温馨的高校学习生活氛围，从而提高高校思想政治教育的实效性。

校园文化在高校思想政治教育中的约束规范功能主要通过直接管理和间接引导两种方式发挥功效。

（1）直接管理

直接管理即通过制度建设，如出台学生日常行为守则、学校组织管理办法、学生管

理处罚条例等文件，以公告的形式明令警戒高校师生员工应该做什么和禁止做什么，并严格按照管理办法对违反条例的师生进行相应的处罚，以此达到约束规范学生行为的目的，加强思想政治教育。

（2）间接引导

间接引导即通过行为文化建设，如开办主题讲座、朗诵比赛、征文比赛、向榜样人物学习、校园网站宣传、课堂风云人物评选、文明班级建设等校园文化活动，营造爱学习、讲文明、懂礼貌的班级氛围和校园风采，使全体师生在潜移默化中将思想政治教育的内容内化为自身的品德和修养，自觉纠正错误的思想，注意自己的仪容仪表，约束规范日常举止行为，展现出大学生良好的精神风貌。组织有序的管理制度和积极向上的文化活动可以帮助学生自觉约束规范不良思想和极端行为。

2. 导向功能

高等学校是一个知识的汇聚地，是一个博采众长、兼收并蓄的场所。不同的思想、流派、观念在这里碰撞和交融。这一方面可以使学校师生接纳不同观点立场的思想，开拓他们的视野，触发他们的好奇心和求知欲；另一方面又会造成学习过程中的困惑与迷茫，需要正确的引导和指引。在这样的情形下，发挥校园文化的导向功能就显得十分重要。一种奋发向上、积极进取的校园文化氛围，能够大大有助于学生树立符合时代和社会要求的人生观和价值观，使其在今后的人生中能知情喻理，自强不息；反之，一种庸俗乏味、碌碌无为的文化氛围会对学校人才培养具有较大的阻碍作用，创新人才培养更无从谈起。

大学生是祖国的栋梁，肩负着国家建设者和接班人的神圣使命，对于他们而言，树立正确的世界观、价值观，追求崇高的理想信念和高雅的人文精神，同夯实既专又博的科学技术知识具有同等重要的意义。通过一个学校的校园文化可以比较透彻地了解该校师生的整体精神风貌和思想道德水平，因此，在校园文化建设的过程中，应非常重视校园文化的导向功能，充分发挥其价值指引的作用，在牢固树立正确的政治观、思想观念和道德准则的前提下，倡导全校师生形成一种以创新为导向的校园文化氛围，这既是高等学校培养人才的必由之路，也是高等学校自身不断发展进步的时代选择。

3. 感染辐射功能

感染辐射功能是指学校文化对学校全体教职员工的内部思想行为教化和对社会各界人士的外部精神面貌辐射的总和。它不仅通过校园文化建设感染学生的思维，还借助各种渠道和方式将大学的科技成果、思维观念传播辐射给社会，影响社会人的行为活动。

校园文化在思想政治教育中的感染辐射功能主要通过外部圆形辐射和内部垂直感染两种方式发挥功效。

（1）外部圆形辐射

外部圆形辐射即高校向社会输出物质成果和精神食粮。高校是社会优秀人才的培养基地和创新场所，承担着为社会输出先进的科技成果和高尚的精神情怀的双重任务。

一方面，高校有着经验丰富、博学多才的专家学者，他们带领大学生进行学术前沿阵地的理论研究和科学实验，发明创造出一系列成果后应用到各行各业的生产中，将推动经济的发展和社会的进步。另一方面，高校是先进文化的示范区和传播源，接受新鲜事物能力强，学习新鲜知识速度快的大学生自然成为先进文化的传播者。大学生借助社会实践、外出兼职、家庭熏陶等方式，灵活运用论坛、微信、微博等校园文化社交网络渠道将新的思维观念、行为方式和文化取向传播辐射到社会，既向社会展现大学生良好的精神风貌和校园文化风采，又在潜移默化中使社会人受到文化熏陶，增强了大学生的自豪感和自信心，提高了思想政治教育的实效性。

（2）内部垂直感染

内部垂直感染即在高校内部展开物质、精神、行为、制度文化建设，直接将思想政治教育垂直深入到大学生的学习和生活中，潜移默化地感染学生的心智。例如，完善教学设施建设，先进的教学设备和优越的读书环境自觉感染大学生追随老师进行学术研讨和科学知识的学习；开展班风、教风和学风制度建设，感染学生自觉遵守课堂纪律和考试准则，课堂上尊敬师长，生活中团结同学；开展寝室文化、社团文化建设，感染大学生在具体的社会实践中拓宽视野、拓宽思维、培养兴趣、提高生存和适应能力，为就业打下坚实基础。

4. 激励功能

优秀的校园文化激励着师生不断奋进，不断攀登新的高峰，起到催人奋进的作用。校训就是一个学校校园文化的重要内容之一，它会对该校师生起到潜移默化的激励作用，激发青年学生对于崇高理想信念的执着追求，激发出巨大的工作热情和学习热情。校园文化作为学校内部的心理环境，像一种无形的力量引导着人才的成长和发展。

校园文化的激励功能主要有以下内容。首先，合理满足校园文化主体的需要是影响人们积极性的最深层原因。其次，适时激发动机，就是要在合理地满足需要的基础上，充分运用一定的诱因，促使学生产生积极的行为动机。比如，学校定期或不定期地邀请一些学术界、企业界的精英来校进行学术访谈、讲座等活动，每一次活动都是对同学们的一次鼓励和指引，这些活动从不同的层面和不同的角度为学生指明了成才的方向，对于学生具有积极的示范效应，使得他们积极自觉地参与到校园文化活动中去，并以他们的实际行动和聪明才智为校园文化增添新的活力因子。

5. 心智培育功能

高校通过物质设施、文化活动等形式作用于学生的心理和性格，巧妙运用人的从众心理，重新培育学生的心理氛围和人格品性，推动高校思想政治教育启发人、塑造人功能的发挥。校园文化在高校思想政治教育中的心智培育功能主要通过促进学生的智力开发和调节学生的心理压力两方面发挥功效。

（1）促进学生的智力开发

促进学生的智力开发，即校园文化为学生提供良好的教学环境、先进的教学设备和经验丰富的教师队伍指导学生进行理论学习和学术研究，提高学生的学习能力。高校提出相关科研政策，为大学生参加"国家创新创业实践""三下乡""挑战杯""数学建模比赛""科技小发明"等创新创业活动提供政策支持和物质奖励，旨在引导大学生树立爱实践、爱创新、爱钻研的科学精神，使其组织能力、协调能力、自主创新能力和思维创造能力等综合素质得到提升，活跃校园学术氛围，提高思想政治教育的功效。

（2）调节学生的心理压力

调节学生的心理压力，即大学生面临学习任务重、离开家庭远离父母孤独感增加、人际交往能力差等问题，需要校园文化的辅助调节作用。大学生心理压力的调节主要有自我调适和他人帮助两种途径。

第一，自我调适就是大学生依靠自己的心理调节和适应能力，积极参加高校举办的形式多样的文化娱乐活动，努力锻炼自己的交往能力、发掘自己的天赋、增强自信心，将压力成功转化为正能量，为减轻心理压力主动寻求良好的发泄和交流渠道。

第二，他人帮助就是高校专门为心理教育建立相关制度。例如，开设心理健康课程、心理咨询室和心理网络交流平台，以别人的帮助引导和鼓励心理有问题的大学生正视心理疾病，解决心理问题，塑造健全的心理人格，加大思想政治教育的深度和影响力。

6. 创新功能

校园文化的创新功能是其独立性、批判性特征的逻辑结果。全校师生利用已掌握的文化知识，不断改变着周围的环境，使其朝着符合自身生存和发展的方向变化，从而变革物质文化环境和精神文化环境。伴随着校园文化的发展，师生的思想观念、价值标准、精神风貌都发生了和正在发生着非常深刻的变化。

校园文化的活力来源于它的创新和变革功能，依靠自身的创新功能才会使源源不断的新鲜血液加入到不断发展的文化肌体中，使其不断具有感召力，丧失了创新功能的校园文化势必走向衰败。具体地讲，校园文化的创新功能就是指在对历史的和现实的文化

的检视、评价以后构造出一种新的文化质态。在各种校园文化活动中，不同的处事方式、思维理念之间都相互激荡、相互影响，不断完善着自己，寻找着自己的坐标，同时也改变着、影响着别人的思维方式和处事方法。蔡元培先生说的"兼容并包"[1]，不但是他对各种文化关系的概括，也表明了他对校园文化的这种特性的认识。当校园文化主体在交融过程中吸收了某种带有鲜明时代性和阶级性特色的"复合文化"以后，便具有了那一时代文化群体所特有的质态。只要加以正确引导，就会成为校园文化主体的创造动力。

（二）校园文化在大学生思想政治课程教学中的作用

1. 校园文化建设是高校思想政治课程教学的重要途径

首先，高校校园文化具有追求务实、追求崇高的凝聚力。这种崇高的精神境界就是"以人为本"的人文精神，"求真务实"的科学精神，"着眼未来"的超越精神和"自强不息"的奋斗精神。正是由于这些精神因素的存在，才能聚集成建设有中国特色社会主义的共同的理想，把师生的智慧和力量团结到构建和谐校园的共同事业之下。

其次，校园文化对大学生具有重要的教育导向作用。正是通过校园文化丰富多彩的方式，让大学里这个特殊群体的人们都得到一种文化品位的熏陶和大学精神的培育，从而形成志存高远、爱国敬业、为人师表、教书育人、严谨笃学和与时俱进的优良教风，勤于学习、奋发向上、诚实守信、敢于创新的良好学风，以及崇尚科学、严谨求实、善于创造具有时代特征和学校特色的良好校风。正是具备了优良的教风、学风和校风，大学文化才能够实现培育、塑造人的作用，促进人们自觉追求和谐相处，大学生更加深刻地从这种教育的耳濡目染中感悟到社会主义、爱国主义和集体主义教育的真谛。

最后，校园文化具有源源不断的创造力。大学作为思想最活跃、最富有创造力的地方，以及新知识、新思想、新文化的发源地，其创造力主要来自担当社会责任的知识分子群体追求真理、体现公平正义的社会理想，发挥着文化对社会进步的强大影响作用。

文化可以作为一个维系民族、社团、集体的共同价值取向，使更多大学生在对这一共同认知的追求中，走向真善美的人格。

2. 校园文化建设有利于全面提高大学生的素质

大学生主体的全面自由发展是高校校园文化建设实践中的价值目标。在校园文化建设之中，大学生承担着主客体合一的身份。校园文化为大学生借鉴他人经验进行自我教育提供了一个良好的场所，因此从这个意义上说，校园文化是基于大学生的自主选择性的大学生的自我教育。因此在校园文化建设的过程中，学校各部门坚持弘扬主旋律，对

---

1 蔡元培，蔡元培教育名篇[M]. 北京：教育科学出版社，2007：84.

大学生进行价值观教育，抵制不良文化对他们的影响，提高大学生明辨是非的能力，为大学生提供一个广阔的空间，实现大学生的全面发展。

3. 校园文化建设是社会主义精神文明建设的重要组成部分

大学校园文化是社会主义文化的一部分，是社会主义精神文明建设的重要内容。在校园文化的建设过程中，我们应该坚定地以马克思主义的中国化理论作为校园文化的指导思想，引导学生思想观念的转变，发挥校园文化作为思想政治教育的一个重要载体和途径。

在校园文化建设中，要始终坚持以社会主义核心价值观引导大学生的发展方向。高校校园文化作为我国社会主义精神文明建设的一个重要组成部分，是同社会精神文明建设中的其他优秀文化成分统一的，因此要在高校校园文化中积极地引入社会精神文明建设的其他优秀成果，使得大学校园文化会同其他精神文化引导大学生思想观念的发展，保证社会精神文明建设目标的实现。

第二节 校园文化对大学生思想政治课程教学的影响

校园文化在高校思想政治课程教学中发挥着不可忽视的作用，高校应采取相应的教学改革措施，促进校园文化功能的日趋完善，形成大学校园文化的新格局，促进大学生全面、健康、和谐的发展。

一、建设校园文化的原则

（一）育人性原则

思想政治教育从本质上来说是育人工作，因此校园文化建设首先要遵循的原则就是育人性原则。育人性原则主要是指在校园文化建设过程中，物质文化、精神文化、制度文化及行为文化都要富有教育意义，都担负起培育人才的使命。在校园文化育人的过程中，更多地要注意教育内容的内化。内化过程是在一定的环境下进行的，高校校园恰好就为此提供了物质环境和精神环境。在校园文化环境的熏陶下，受教育者内化所需要的情感和动机得以有效激活，再加上校园文化活动的催化作用，就能够促进受教育内化的实现。

从其内容来看，内化的内容主要有价值观的内化、人生观的内化、政治观的内化、道德法制观的内化等。高校的校园文化是学校的一种价值观念极其明确的取向，必然体现着一种主体的思想意识和价值观念，在学校的各个方面、各个环节上无时无处不存在，它对学生具有一种确定的引导作用。

从方式方法上来看，校园文化环境可借助形式各异、丰富多彩的活动来加强相关的理论宣传活动、重要思想的学习活动等。例如，可通过开展学术讲座、读书报告会等形式来加强主流价值观的理论学习，还可通过塑造名人雕像等方式来弘扬和宣传校园主流意识。

校园文化建设只有坚持其育人性原则才能符合思想政治教育对校园文化建设的要求。

（二）务实性原则

务实性原则是指在校园文化建设的过程中，要始终以务实的精神来开展各项校园文化建设活动。在其建设过程中，高校校园文化在很大程度上承载着思想教育的育人性功能，在校园文化建设的过程中必须尽可能地避免形式主义的存在，始终贯穿务实主义精神，才能从根本上推动高校校园文化建设的发展，也才能最大化地发挥校园文化作为思想政治教育载体的作用。

（三）系统性原则

系统性原则是指要将高校校园文化建设当作一个有机整体的系统工程来对待。一方面，要使其各方面协调发展，充分发挥其整体功能；另一方面，要对高校校园文化建设从总体上进行全面的思考和规划，积极动员各方面力量共同参与到校园文化的建设中来。

从内容上看，高校校园文化是一个不可分割、相互联系的整体，物质文化、精神文化、制度文化和行为文化是其主要内容，它们相互作用、相互影响。物质文化是校园文化的物质载体，为其他文化的开展提供了物质基础。精神文化是其灵魂所在，为其他文化内容的发展指引方向。校园内的各种制度则为校园文化建设提供了制度保障。行为文化则是直观地体现着其他几种校园文化的要求，与物质文化一起构成校园文化的外显部分，其中物质文化是校园文化外显部分的静态表现，行为文化是校园文化外显部分的动态表现。一定要坚持系统性原则，不能孤立地建设某一种文化而忽视其他文化的建设，要使高校校园文化的四个方面的内容在协调统一中共同发展。

从校园文化建设的主体上说，这个建设不只是哪一个部门的事，学校在实行统一领导的同时，更应该加强各部门之间的分工与合作。另外，学生会和学生社团是校园文化活动中最活跃的主体，在校园文化建设中必须充分发挥先锋作用。校园各方形成合力，共同推动校园文化建设的发展。

（四）坚持主旋律与尊重多样性的统一

大学是人类文化传承、创新与发展的重要基地。大学不但要传承和创新知识，更具有熔铸、守望人文精神的神圣使命。校园文化建设是实现这一使命的必然途径，是高校

精神文明建设的重要基础和重要前提。

高校必须建设一个文化层次较高的校园文化环境，传承大学精神，使广大青年学生能养成良好的思想道德品质。要以科学的理论武装人，以正确的舆论引导人，以高尚的精神塑造人，以优秀的作品鼓舞人。校园文化建设必须坚持正确的政治方向、价值导向和审美取向，贯彻党的基本路线和教育方针，弘扬社会主义、爱国主义和集体主义主旋律。

当今社会处于文化井喷时代，各种类型的文化层出不穷，相互交融并得以发展。随着这种发展趋势，社会发展必将呈现更大的开放性和适应性，文化多样性将是一种必然趋势。历史无数次证明保守和封闭只能走向停滞和僵化，建设高水平的校园文化必须使校园与社会联网，走开放之路，尊重主体多样性的发展。当然，尊重校园文化多样性也不等于忽视主旋律建设的精神引领作用。文化主旋律和文化多样性是相互促进的关系，也就是必须坚持主旋律与尊重多样性的统一，这才是对校园文化建设应该持有的态度。

（五）坚持立足国情与面向世界的统一

呼唤面向世界和未来的校园文化创新已成为全球高等教育发展的一大潮流。面对经济全球化的挑战，校园文化不能回避（事实上，它也回避不了），而应积极主动地融入世界大潮之中，通过与大风大浪的搏击，使自己的羽翼逐渐丰满，从而实现国际化与民族化的统一，实现自身的完善和发展。从根本上说，对待面向世界和立足国情的态度与我们对外来文化和传统文化的态度是完全一致的。对外来文化和传统文化，校园文化的基本原则是采取分析、辩证的态度，积极利用其合理成分，并结合具体情况加以批判继承、消化吸收。因此，这也是我们在看待面向世界和立足国情时的总方针。

二、建设校园文化的方法

（一）优化校园物质文化

校园物质文化受校园文化参与者的影响和支配，通过客观的物质环境激发人们的深层感受。校园物质文化为思想政治教育提供了良好的育人环境，为延伸高校思想政治教育的渗透力提供了有力的运行机制。加强校园物质文化建设，不仅可以为学生提供先进的教学环境和舒适的文化生活环境，还可以增强师生的集体归属感和凝聚力。

优化校园物质文化，具体应该做到以下三点。

1. 加大经济投入、优化分配结构

加大对校园物质建设的整体投入，同时又要协调好投入分配结构，避免校园物质文化建设陷入畸形发展或者动力不足的尴尬境地；妥善处理好校园景观投入、校园文化设施投入和校园教学投入之间的关系，为学生提供优越健全的校园环境，增强师生的集体

归属感和凝聚力，延伸高校思想政治教育的渗透力。

2. 加强校园文化景观建设

校园文化景观建设要遵循"传承文化、结合地域、突出特色"的原则，通过校园的绿化、美化等物质手段营造地域文化气息，体现学校特色和传统精神。按照自然地理和气候环境特点，结合校园的花草树木、道路亭榭、名人雕塑、教学楼、特色建筑的合理布局规划，可以通过景观建设使教职员工置身于独特的校园氛围中，自觉接受独特校园精神的熏染，从情感上认同校园追求的价值观念和育人思想，从而集结每个个体的微薄力量形成强大的感召力和向心力。

3. 加强校园文娱设施建设

（1）加强文化学习设施建设，提高图书馆、电子阅览室、多媒体中心、教学设施、实验室、科研所等基础设施的服务功能，为学生开阔视野、开发潜力提供良好的学习环境。

（2）加强文化娱乐设施建设，增强健身房、田径场、游泳馆、礼堂、电影院的趣味性，引导大学生陶冶性情、发展个性、塑造健全人格。

（3）加强文化传播设施建设，畅通校报、广播、网站、论坛、宣传栏、俱乐部、校园时事新闻等宣传渠道，通过宣传党的政治理论思想和国内外时事要闻，潜移默化地激发学生的爱国主义、集体主义情怀，引导教师学生坚定社会主义理想信念，树立正确的价值观。

（二）丰富校园精神文化

校园精神文化是以内隐形式存在的，需要全体师生置身于校园文化氛围中，经过感受、认同、践行、创新等一系列过程孕育出来的价值观念和意识形态的总和。它是校园文化的内驱动力和核心灵魂。校园精神文化为思想政治教育提供了理论根基，为坚持高校思想政治教育的主导性提供了强大的内驱机制。丰富校园精神文化建设，具体应从以下三个方面着手。

1. 引入传统文化丰富校园文化

引入传统文化、时代文化，活跃校园精神文化氛围，丰富校园精神文化。将传统文化中和而不同的和谐思想、民为邦本的民主精神、天人合一的共生理念传递给学生。引入拼搏奋进、求实创新、合作共赢的时代文化，鼓励学生积极地融入社会，与时代接轨。

2. 塑造主体价值观

大力弘扬学校的办学理念、育人目标和教学准则，以校园风云人物、榜样模范的先进事迹号召鼓舞大学生以坚持健康积极、奋进拼搏的大学精神，积极融入团结、自由、平等的和谐校园氛围中，坚定德智体美劳全面发展的学习信念，树立远大的人生理想和抱负，将自己的价值观和校园主体价值观相融合。

3. 强化"三风"建设和加强网络文化建设

（1）强化校风、教风、学风建设，以校风促教风，以教风引导学生遵守课堂规则和考试准则、端正学习态度、培养自身兴趣爱好，促使学生自觉规范思想言行。

（2）加强网络文化建设。净化校园网络文化，加强对网络文化的检查力度，对学生进行网络法制教育，端正学生的网络使用立场，明确自己的权利和义务，自觉规范网络言论和行为，抵制不良思想意识的侵袭。

（三）巩固校园制度文化

校园制度文化是学校以国家教育部的教学方针和现代社会对人才综合素质的具体要求为理论基础，以学校自身的办学宗旨和教学理念为行动指南而制定的，需要全体师生共同遵循。校园制度文化为思想政治教育提供了健全的管理体系，为提升高校思想政治教育的影响力提供了长效的保障机制。加强校园制度文化建设，不仅可以规范学生的行为方式和道德认知，培育德智体美劳全面发展的综合人才，形成良好的学校风尚，还可以协调组织管理各部门之间、学校与二级院校之间的复杂关系，提高管理水平和工作效能，保障学校健康快速地发展。

巩固校园制度建设，具体要做到以下两点。

1. 完善教学制度

（1）学校要以培养德智体美劳全面发展的综合素质人才为办学目标，建设高素质的师资队伍，改良教学方法，开启师生课堂教学互动模式，以通俗易懂的语言，生动鲜活的案例丰富教学内容，以此调动学生的学习热情，提高学生的思想修养。

（2）引入先进的育人理念。联系学校教学实际，在教师选拔、课程设置、教材编写、内容架构、教学设计、实施评估等方面制定严格的管理制度，引入并落实先进的育人理念，通过大学课堂满足大学生的真实需求，实现以人育人，营造和谐健康、积极向上的校园。

（3）贯彻落实创新型人才培养方案。高校必须建立健全创新型人才教育政策在管理、运行、基地、经费等方面的制度保障措施，稳健巩固实施"专人管理、专项管理、

协同管理、综合管理"四位一体的管理制度,"常规机制和激励机制"双管齐下的保障制度,"实验室、实践基地、创业场馆"三大实践基地建设制度,"创新项目基金、创造奖励基金和创业担保基金"经费实施制度,"师导生创"的专业教师联防制度。为发展学生综合素质、提高大学生的实践能力、培养创新意识、培育创新思维、形成创业品格提供动力支持,让学生在实践中体会创新型教育的魅力与价值,积极传播爱动手、爱动脑、爱创造的科学态度和实践精神。

2. 健全学生管理制度

以文字、条文的形式明确下达校纪校规、学生管理规定、学生公寓管理细则、校园秩序管理规定、学生社团组织条例、学生行为准则、学生奖励处罚条例,内容应涵盖大学生学习、生活、活动的各个方面,引导学生自觉遵守校园各项管理制度,以制度为行为准绳,规范自身言行举止,注重仪容仪表,树立正确的世界观、人生观和价值观,展现大学生良好的精神风貌。

(四)拓展校园行为文化

校园行为文化为思想政治教育提供全方位的服务体系,为增强思想政治教育的吸引力提供有效的激励机制。拓展校园行为文化建设,不但可以约束行为举止、调节心理,推进学校德育工作的开展,还可以为生活娱乐和社团活动的开展提供管理范例,使学生在自由、开放的校园文化氛围中学习和成长。

拓展校园行为文化建设,要注意以下三个方面。

1. 增强校园活动的独特性和持久性

校园活动要做精品活动,不断创新活动内容,拓宽活动载体,提高活动的思想含量和文化含量,并结合地域特色和传统文化,以学生喜闻乐见的形式开展特色活动,形成学校传统。例如,举办体育赛事、党团知识竞赛、"五四青年"主题教育活动、"书香校园"读书日、大学生艺术节、创新创业实践活动等,将思想政治教育的内容与精品特色活动有机结合,内化为学生的内在修养,增强思想政治教育的功效。

2. 活跃社团文化

社团涵盖学术、文化、体育等各个方面,为学生发掘兴趣爱好、增强交际能力、开阔眼界、陶冶情操提供广阔的平台。学校给予各类社团管理指导和经费支持,由学生群体根据自身性格和兴趣选择社团日常活动内容,实现学生内部自我教育、自我管理和自我服务。

3．强化寝室文化

营造温馨团结的寝室氛围，引导寝室成员相互包容，增强学生的集体归属感和荣誉感。同时，开展寝室文化月活动，激励和监督学生自觉约束行为举止，形成良好的生活作风，提高思想道德水平。

第六章

深化大学生思想政治课程教学的社会实践活动

大学生只有经历过社会实践的锤炼和洗礼才能真正成长，所以理论课教学要与社会实践紧密结合起来，以全面促进学生的发展。大学生社会实践就是将社会作为课堂，学校与社会有关单位一起组织和实施的实践教育活动，这一活动融思想政治教育、专业教育、素质拓展和社会服务等于一体，对促进学生的思想政治教育和社会实践能力十分有利。现在，随着高校办学日益开放，大学生社会实践活动的内容更丰富、形式更多样、渠道更宽阔，但由于学校、社会和学生自身等多方面的原因，大学生参加社会实践活动还不够广泛和深入，也面临着许多困难，很多都流于形式，缺乏实效性。

第一节　社会实践对大学生思想政治课程教学的重要意义

大学生是国家未来的建设者和接班人，因此作为国家的重要人力资源，大学生不仅要具有较高的科学文化素质，更要具有很高的思想政治素养。大学生需要在社会实践中练就本领，在生活和学习中艰苦奋斗，锻炼高尚的品德，从而全面提升综合素质。

一、社会实践的内涵

在马克思主义哲学中，实践是指处在一定社会关系中的人能动地改造客观世界的物质性活动，是人所特有的对象性活动。[1]马克思主义认识论认为，实践活动是人类全部

1　王华岳. 新编马克思主义哲学原理[M]. 北京：高等教育出版社，2003：58.

认识活动的基础和出发点，实践决定认识，认识依赖于实践。因此，我们必须从实践活动出发，才能为我们认识世界和改造世界提供科学的思想武器。

对于大学生社会实践，学术界有着不同的表述，总体可概括为："大学生社会实践是指高校按照高等教育培养目标的要求，作为课堂教育的补充和延伸，有目的、有计划地组织在校大学生参与社会政治、经济、文化活动的一系列教育活动的总称。"[1]具体而言，大学生社会实践是人类实践活动的重要组成部分；是大学生在学习过程中对理论知识与实际相联系、应用与创新的活动；是大学生在成长成才过程中全面培养与提升自我能力、改造主观世界的活动；是在走向社会过程中与生产劳动相结合、与社会成员紧密联系，适应社会、了解国情、培养与承担社会责任感的活动；是高校思想政治教育的重要途径。

大学生社会实践是一种学习性实践的活动，大学生是实践的主体，其主要任务是通过实践活动对所学知识与接触的实际进行比较，去其糟粕取其精华，进一步加强把抽象的理论知识逐渐转化为认识和解决实际问题的能力，这样就形成了"理论学习—实践锻炼—理论丰富—实践锻炼—理论创新"的良性循环。

大学生社会实践有着丰富的形式和内容，主要有志愿服务、社会调研、专业实习、军政训练、勤工助学等。对大学生进行思想政治教育，只有贴近实际真实的生活，才能得到大学生的认可，充分调动大学生的兴趣，使大学生在真实生活中正确认识自己、认识社会，从而端正人生态度，确立积极向上的奋斗目标。大学生社会实践正是将学校教育和实际生活有机结合的重要途径之一。中共中央、国务院发出的《关于进一步加强和改进大学生思想政治教育的意见》中指出："社会实践是大学生思想政治教育的重要环节，对于促进大学生了解社会、了解国情、增长才干、奉献社会、锻炼毅力、培养品格、增强社会责任感具有不可替代的作用。"因此，充分实现大学生社会实践的意义，是提高大学生思想政治素质的一个重要途径，我们必须努力不断完善大学生社会实践活动。

大学生社会实践活动具有鲜明的特点，具体体现在以下几个方面。

（1）具有学校教育与社会教育的双重属性。一方面，大学生社会实践是以高校人才培养目标的要求为前提来开展的。这说明，大学生的社会实践活动虽然要走出课堂，但是并不意味着就脱离了学校教育，它仍然要以学校的教育目标为原则来开展。另一方面，参与社会实践活动，必然要求大学生真正融入社会、认识国情。大学生应对我国的发展趋势及所面临的问题有一个客观正确的认识，才能端正人生态度，确立正确的奋斗目标。大学生社会实践活动的开展为大学生走进社会、感受生活提供了有利条件。

1　施莉琴. 思想政治教育视域下大学生社会实践研究[D]. 贵阳，贵州大学，2015：9.

（2）具有综合性。大学生社会实践活动的形式多种多样，其对于促进大学生的全面发展也是多方位的，包括德育、智育、体育、美育、劳育等。例如，参加公益类的实践活动主要是对学生进行品德教育，参加科技创新类的实践活动主要是对学生进行智育教育等。而且，并不是一类活动只能对大学生进行一种教育，只是因为它们所实践的主体内容不同，因而所突出的思想政治教育功能的重点也会有所区别。

（3）具有主体性。大学生社会实践突出实践性，即主体本身的积极性、主动性和创造性，是以主体的全面发展为目的，通过生动活泼的活动来影响主体的观念和行为的。因此，相对于传统思想政治教育强调以学科知识体系为中心、以教师为中心，现代思想政治教育实践教学更应当充分尊重学生的积极性、主动性和创造性，发挥学生自教自律的功能，培养学生的主动性和创造力。首先，实践教学以培养、提升学生的主体性为目的，而不是单纯地灌输思想观念和理论知识。其次，现代思想政治教育实践教学在整个过程中都注重学生的主动参与和亲身体验，学生在活动中处于主体地位。可以说，强调学生的主体性是实践教学的本质特征之一。

（4）具有社会参与性。大学生社会实践活动要求学生步入社会、认识社会，这就需要社会各方面的配合，才能使实践活动顺利开展，取得有效的成果。首先，从国家层面来看，教育部陆续颁发的一系列文件说明了国家对于大学生社会实践的高度重视。其次，大学生虽然是社会实践活动的主体，但由于其人生观、世界观并不完全成熟，心智有待发展，还是需要高校提供相应的指导，高校必须充分发挥主导作用。最后，大学生社会实践活动的接收单位也应尽力配合大学生社会实践活动的开展，保证活动的顺利完成。

（5）具有合作性。大学生社会实践活动可以是不同学科、不同专业的学生一起开展，甚至可以是不同的学校联合开展，这就促进了不同学科之间、不同学校之间的交流、发展和共同进步。此外，大学生校外实践活动要求大学生与合作伙伴在活动过程中一起设定目标、完成计划，彼此间的合作促进双方的成长。

（6）具有创造性。创造是人类实践活动独有的特征，因此培养具有创新精神与实践能力的高素质人才，是高等教育肩负的历史使命。大学生作为继往开来的青年一代，在社会实践活动中同样要完成学习继承的历史任务，更要勇于面向未来、开拓创新。这就要求大学生社会实践活动必须具有创造性特征，这种创造性特征具体表现为：首先，大学生在社会实践教育活动中活学活用知识的应用性特点；其次，大学生在社会实践活动中追求新知、探求未知的探索性特点；最后，大学生在社会实践活动中实现从无到有、综合集成、拓展深化的创新性特点。

二、社会实践对大学生思想政治课程教学的作用

思想政治教育作为一种政治性很强的教育实践活动，它引导着人们从事生活、工作

与社会的接触等实践活动。社会实践活动中的思想政治教育具有全方位的育人功能，有利于提升大学生思想政治教育工作的实效性。只有以正确的思想观念、政治观点和行为道德准则为导向的社会实践活动，才能使受教育者达到良好的思想政治教育预期目的与效果。

（一）有助于提高大学生的思想政治素质

思想政治素质是大学生素质结构中最核心、最根本的部分，思想政治素质是否合格是衡量大学生人格成熟与否的关键。在我国高校教育体系中，大学生的思想政治素质主要是通过思想政治教育来培养的，而大学生思想政治教育的根本原则就是理论教育和实践教育相结合。理论教育与实践教育就如同车之两轮，是大学生思想政治教育不可或缺的两个方面，两者相辅相成，相得益彰。

我国社会主义市场经济体制的建立和完善，带动了人们观念的更新和思想的解放。青年大学生意气风发、思维活跃，对社会的巨大变化和思想的激烈碰撞感受更加深刻、更加敏锐。大学生由于从中学校门到大学校门、从家门到校门后，与社会处于半隔离状态，对国情、社情、民情知之甚少，容易片面地认识问题、判断是非，容易脱离社会现实，思想还很不成熟。

不同价值观的并存与冲突，需要大学生在社会实践过程中摸索和寻找社会主义核心价值体系与新时代精神的契合点。如果说课堂上的思想政治教育是单一性的、纯理论的灌输与启发，那么社会实践活动更强调从理论与实际、从历史与现实等多个角度、多个层次使学生受到教育，强调教育符合社会现实，可以帮助学生剔除思想中不符合实际的因素和错误的观念，引导学生确立新理想、新目标、新追求，树立正确的世界观、人生观和价值观，使大学生在理想与现实的联系中做出既符合社会需要又有助于个性发展的选择。开展和促使大学生积极参与社会实践活动，就是要引导大学生转变自己的角色，使大学生变"旁观者"为"参与者"，变"评论员"为"建设者"，积极投身到改革开放和现代化建设的实践中去。

在社会实践活动中，大学生能亲眼看到改革开放和现代化建设的艰难和成就，亲耳听到英雄模范人物的经历和事迹，亲身参加生产劳动及各种志愿服务活动，进而能唤起强烈的心理共鸣，理智地确定自己成才的社会坐标，促进理想和信念得以在更高层次升华，并在社会实践中深入社会，认识国情，加深对中国特色社会主义理论体系的理解，坚定在中国共产党领导下走中国特色社会主义道路的信念，增强大学生的社会责任感和使命感。

（二）有助于培养大学生言行一致的健全品德

作为新时期背景下的高校思想政治教育的重要途径，社会实践以高度的实践

性、广泛的认同性、大规模的参与性，成为一种使高校思想政治教育与实际生活紧密结合的载体。

要想充分理解知识，就离不开实践这一过程。首先，社会实践能够加深大学生对思想政治教育理论知识理解的程度，形成正确的价值取向；其次，社会实践能够磨炼大学生坚韧不拔的意志，推动其向正确的道路上行进；最后，社会实践能够帮助大学生树立优秀的道德品质。只有通过行动，人的道德品质才能得以体现，因此大学生只有积极参与实践，了解社会，在实践教育中增强自身的使命感和责任感，才能树立正确的世界观、人生观、价值观。健全言行一致的人格。

在社会主义核心价值观的建立过程中，大学生必须做到"认知"与"践行"相结合，向言行一致、表里如一、知行合一的境界发展。这些都离不开实践的环节，通过具有思想政治教育意义的实践活动，了解国情民意，感受和学习革命传统，亲自在实践中经过多次的体会和历练，才能意识到某些认识的正确性，才能产生坚定的信念，从而内化为个人自身的道德约束、价值观念，最终达到言行一致的健全品德。

（三）有助于提高大学生的综合素质

实践出真知，实践长才干。面对中国社会日益严峻的就业和求职压力，大学生已经意识到，没有一定的岗位胜任能力和社会适应能力，包括技术应用能力、实际动手能力、组织管理能力、社会交往能力、语言表达能力、办事应变能力等，就会使自己在职场竞争中处于十分不利的地位。社会实践是加快学生社会化进程的重要途径。大学生正处于生理上基本成熟、心理上加速发展的阶段，社会实践可以帮助大学生了解社会、认识社会、体验生活，培养公德意识和社会责任感，树立社会角色意识，提高认识社会、适应社会及社会交往的能力，从而加快其社会化的进程。

社会实践能够显著拓展大学生的素质，只有素质提高了，才能更好地学习、掌握、运用和创新知识。而大学生在校内学到的书本知识只有经过社会实践的锤炼，才能内化为全面而丰富的个人素质。通过参加社会实践，大学生不仅可以全面提高语言表达能力、社会交往能力、收集处理信息能力、组织协调能力等基本素质，而且还可以提高自己的人文素质、职业素质和创新素质等。

（四）有助于引导大学生以实际行动回报社会

社会是孕育学生成长的"母体"，学生的个人成长离不开社会的滋养。从某种意义上来说，家庭和学校对于学生的成长，只能算是"小社会"，而处于家庭和学校之外的"大社会"才是学生"海阔凭鱼跃，天高任鸟飞"的人生大舞台。大学生不仅要明确自己的家庭角色、校园角色，更要明确自己的社会角色，积极承担社会责任。社会实践正是学生回报社会、服务社会、引领社会，为社会的发展与进步做贡献的重要途径。

回报社会是当代大学生应有的道德情操和精神境界。大学生不仅要能独善其身，更要兼济天下。当代大学生不仅要勇于承担社会责任，更要懂得感恩社会。社会是大众之母，她以政治事业给人们带来公正、秩序与安宁，以经济事业满足人们多种多样的物质需求，以文化事业给予人们高品位的精神享受，以卫生保健事业给人们健康，以教育事业给人们道德、知识、智慧与才干等，使每个人的生活都离不开社会这个大家庭的滋养。虽然我们所处的社会绝不是尽善尽美的，但社会的主流毕竟是积极的，它值得当代大学生用实际行动去感恩、去回报。

大学生回报社会的具体行动就是服务社会。近年来，我国社会的发展对社会志愿服务者有着旺盛的需求，为了适应这一需求，许多高校纷纷成立了青年志愿者协会，从在校大学生中发展志愿者队伍，支持和鼓励大学生参加社会志愿服务活动，受到社会的普遍欢迎。另外，当代大学生参加社会服务活动的热情也日益高涨，他们以义务宣传员、义务交通警员、义务家庭教师、义务咨询员、义务维修员等多种多样的身份，活跃在街道社区、社会福利中心、社会救助站等地，用自己的爱心和汗水服务社会、回报社会。

而大学生服务社会的最高体现则是引领社会。高校是个特殊的"小社会"，是整个社会的人才、知识和文化高地，社会和时代赋予了高校传承人类文明、净化社会风气、引导社会前进的责任和使命。高校不仅要服务社会，还要引领社会。这要求大学生在社会实践活动中，不仅要用所学的科学文化知识服务于社会，更要充分展现大学的精神与文化及当代大学生的精神风貌，用先进的科技、高品位的文化、乐观进取的态度，投身公益事业的热情与活力等去引领社会迈向文明，走向和谐，不断发展。

（五）有助于推动思想政治教育的持续健康发展

社会实践不仅仅是一项简单的实践性活动，更是培养大学生树立正确的人生观、世界观、价值观的有效依托。思想政治课程是思想道德教育工作的主要渠道之一，但在实际教学过程中常出现"学生不爱学、入耳不入心"的现象。在新时代的教育工作者们努力使思想政治课程贴近生活、接近学生的同时，在社会实践活动中科学地、充分地融入思想政治教育内容，为学生提供独立思考的机会，使学生在活动中潜移默化地受到思想道德教育的影响，对思想政治教育功能的发挥与学生自身进行的思想政治教育都起到了积极的催化作用。

大学思想政治教育与社会实践是高校育人的两个重要环节，重视、加强社会实践活动中的思想政治教育功能有利于解决当前我国少数高校思想政治课程教学过程中存在的一些现实问题。

首先，加强社会实践活动有助于打破思想政治教育理论的僵化模式，提升思想政治教育的效果。内容和方法的单一使得思想政治教育对大学生的吸引力欠佳，使大学生不能很好地接受思想政治教育熏陶。但在实际活动中，使书本上的理论条框转变成了生动

形象的活动内容，大学生可以直接投身于实践中去体验社会，了解社会，这有利于使大学生对祖国产生坚定的思想信念，有助于引导大学生树立正确的价值观念。

其次，将社会实践与大学生思想政治教育有效结合起来，有助于避免大学生对书本知识理解的片面化。单一的思想政治教育理论并不能有效地促进大学生思想认识的提高，少数学校填鸭说教式的教学方法更不能很好地被大学生所接受。社会实践活动能够给予学生更加丰富的理论教学内容，增强了抽象理论的真实性和具体性，在一场社会实践活动后写出自身体会，也许收获的不只是思想理论知识，更提升了大学生的综合素质，老师与学生不仅收获了知识，师生之间的距离也被拉近了，更有利于推动思想政治教育工作的开展。在此过程中，无论受教育者还是身为教育者本身的老师，都在实践中获得了全面的进步与提升。这种双赢的教育模式能够推动大学生思想政治教育持续健康地发展。

第二节 社会实践的多种运用模式

适用于大学生的社会实践大致分为两大类：一类是与教学工作密切相关的实践活动，如专业实习、军事训练、生产劳动等，通常由教务部门组织落实；另一类是与学生工作紧密相关的活动，如勤工俭学、社会调查、挂职锻炼、科技服务、志愿服务等，一般由学生处、团委组织落实。

一、与教学工作密切相关的社会实践模式

（一）专业实习

专业实习就是与择业就业、创新创业有关的实践活动。马克思主义哲学认为，认识与实践是对立统一的，是不可分割、相辅相成的辩证关系，一方面认识指导实践，另一方面实践又是认识的最终源泉和检验标准。专业学习不仅是一个认识过程，也是一个实践过程。大学生在专业学习过程中，不仅需要系统的理论知识学习，更需要实践锻炼。专业实习是大学生的必修课，是贯彻"教育与生产劳动相结合"这一教育方针的重要的社会实践形式或类型，同时是高校实践教学体系的重要组成部分。专业实习属于校外实践课，一般安排在与学生所学专业对口的单位及相关岗位来进行，从某种意义来说是对学生专业素质的全面检验、考核和培养，对于提高大学生的知识应用能力、实践动手能力、科技创新能力、岗位适应能力、职业素质等有着重要的作用。

通常，专业实习多安排在大学生毕业前进行，所以大学生参加专业实习的过程也是择业、就业的过程。许多大学在开辟实习基地的同时，也在努力将实习基地打造成学生的就业基地及开展创新创业教育的基地。这一基地的建设为促进大学生社会实践与专业实习相结合、与择业就业相结合、与创新创业相结合提供了重要的物质条件，是提高专业实习质量的重要保障。

（二）军事训练

军事训练是以"学军"为主要内容的社会实践活动，通过真刀真枪的刻苦训练，体验军人的生活、军人的感情和军人的追求，从而树立热爱祖国、保卫祖国的思想感情。它不仅是一门大学生的必修课，而且往往是大学生活的第一课。

第一，学生参加军事训练是履行兵役义务的一种基本形式。《中华人民共和国兵役法》第四十五条规定："普通高等院校的学生在就学期间，必须接受基本军事训练。"这既是国家法律赋予在校学生的一项保卫祖国的光荣使命，又是履行兵役义务、依法服预备役的一种形式。

第二，学生参加军事训练是加强国防后备力量建设的重要战略举措。强大的后备力量是建设跨世纪现代化国防的坚实基础。学生通过军训，不仅能够树立牢固的国防观念，而且可以培养爱国主义精神和报效祖国的理想信念，同时学到了军事知识，掌握了一定的军事技能，加深了对人民军队的理解，为国家战时兵员动员打下坚实的基础。现在，我国高校每年招生都要组织大学生进行军事训练，并且长期坚持，就等于储备了一大批高素质的后备兵员和军官。

第三，军事训练是培养学生全面发展的重要途径。学生通过军训，不仅可以磨炼意志，增强斗志，培养组织纪律性，树立起修身立人的标准，同时还丰富了头脑，拓宽了知识，增强了体魄，促进了专业学习。所以说，学生参加军事训练，是实现学生德智体美劳全面发展、造就国家经济和国防现代化建设优秀人才的重要途径。

（三）生产劳动

生产劳动是以"学工"和"学农"为主要内容的社会实践活动，它也是大学生的一门必修课。应该说，"教育与生产劳动相结合"的教育方针最初就是在"学农"与"学工"的意义上提出的，这对于我国这样一个以工农联盟为基础的人民民主专政政权有着特殊的政治意义。不同于专业实习，生产劳动主要是指需要付出体力和汗水的一般性体力型的简单劳动。事实证明，如果只是让学生关起门来读书，不参加生产劳动，不了解工人农民是怎样辛勤劳动创造社会财富的，不培养对劳动人民的感情，是不利于他们的健康成长和全面发展的。

适时地让大学生参加一些生产劳动，不仅可以帮助大学生端正劳动态度，养成良好的劳动习惯，还可以培养他们独立的生活能力，养成艰苦奋斗、勤俭节约、爱护劳动成果的良好品德。

二、与学生工作紧密相关的社会实践模式

（一）勤工俭学

勤工俭学是学生利用假期或课余时间进行有偿劳动，以取得一定的经济效益，来补

充自己的学习、生活费用，改善自己的学习、生活条件的一种社会实践活动。勤工俭学是我们党一贯倡导的，我国老一辈无产阶级革命家为寻求马克思主义真理，在 20 世纪 20 年代初远涉重洋赴欧洲勤工俭学，后来大多数成为中国革命的领导人，这也部分受惠于勤工俭学过程中的素质磨炼。组织和鼓励学生参加一些校内外的勤工俭学活动，不仅可以让学生在服务社会中取得一定的经济报酬，减轻家庭的经济负担，资助自己的学习和生活，改善自己的生活和学习条件，还可以让学生接触社会，把所学的理论知识付诸实践，在社会实践中体验社会，提高自己适应社会的能力，实际操作能力和动手能力，增加社会经验，培养工作能力，积累工作经验，而且还可以充实学生的课余生活，使他们经受劳动的锻炼，明白劳动的意义，加深对劳动的认识，懂得取得劳动报酬的不易与艰辛，培养艰苦奋斗、自力更生的精神。

现在很多高校更多地强调勤工俭学的助学意义，忽视了它的素质拓展，仅仅把勤工俭学纳入贫困生资困体系，主要面向贫困生提供校内外勤工俭学机会，这样就把许多非贫困生拒于勤工俭学门外。勤工俭学是社会实践课程体系中唯一具有对等有偿性的一门"课程"，可以让学生真正体验自食其力的快乐，有着独特的教育意义。因此，不能狭隘地理解勤工俭学的作用，更应该从"育人"的高度来审视和把握勤工俭学的价值与意义，大力支持和鼓励更多的在校大学生去参加各种形式的勤工俭学活动。

（二）社会调查

社会调查是指应用科学的社会调查与研究方法，围绕一定社会问题，对特定的社会现象进行实地考察，了解其发生的各种原因和相关联系，从而提出解决社会问题对策的活动。社会调查这种社会实践方式是大学生了解和认识社会的重要途径，其具体内容主要体现在"三走进"与"三了解"，即走进工厂企业、走进街道社区、走进乡镇农村，了解国情、了解社情、了解民情。

此外，社会调查还是一项理论性和实践性都比较强的活动，不仅要求学生具有不怕吃苦、严谨求实的钻研精神，还要求学生掌握比较系统的社会调查理论与方法。在社会调查中，学生通过开展座谈、访谈、设计派发调查问卷、实地考察参观、体验生活等活动，不仅开阔了自己的视野和眼界，扩大了社会见闻和见识，增强了问题意识，还了解到社会生活的丰富性和复杂性，提高了明辨是非的能力、调查研究的能力、分析解决问题的能力和团结协作的能力，增强了社会责任感和使命感，进一步坚定了服务社会、回报社会、引领社会和改造社会的决心和信念。

（三）挂职锻炼

挂职锻炼是指大学生利用课余时间到一定的社会工作岗位上担任一定的职务，接受实际的工作锻炼，这是近年来新兴的一种大学生社会实践形式。它具有基层性、公益性等特点。基层性是指它面向基层单位；公益性是指它不计工作报酬。从根本上讲，挂职

锻炼是一种志愿服务性质的社会实践活动，与专业实习相比，它不局限于专业素质的培养，更加突出综合素质的培养与锻炼；与勤工俭学相比，它是无偿的。由于挂职锻炼岗位定向明晰、管理考核规范和经受锻炼全面，因而日益受到在校大学生的青睐，成为高校大学生社会实践活动的重要方式。

此外，挂职锻炼也是地校合作的重要方式之一。一方面，地方利用高校充足而优质的人才资源，为基层基础工作的开展提供有力的人力支撑；另一方面，高校充分利用地方提供的工作平台，为学生创造接触社会、融入社会、改造社会的工作机会，让学生更多地为群众、为社会做实事、办好事、解难事，全面提高大学生造福群众、奉献社会的能力和本领。

挂职锻炼是大学生参加工作前十分难得的实践锻炼机会，是对大学生综合素质的检验与培养，对于提高大学生分析解决问题的能力、岗位适应的能力、人际交往的能力、心理调适的能力，以及培养他们的工作责任心和社会责任感等有着重要的推动作用。

（四）科技服务

科技服务是大学生在指导老师的带领和指导下，参与科技咨询、科技项目开发等科技服务活动，用科技知识或创新成果服务于社会的一种社会实践形式。它也是高校社会服务体系的重要组成部分。科技服务与"科技下乡""科技下社区"等志愿服务活动最大的不同体现在：其非公益性、产学结合的"双赢"机制。"非公益性"是指科技服务是一种高科技含量、高智力投入的有偿劳动或服务；"产学结合的'双赢'机制"是指科技服务让生产单位与学校双方在物质利益上都得到一定的实惠。

大力开展科技服务类社会实践活动是充分发挥在校学生的科研生力军作用，推动校内"学生创新工程"向社会、企业拓展的重要举措，对于开阔学生的创新视野，培养学生的创新精神、创新能力有着重要的促进作用。同时，科技服务活动的深入开展也极大地提升了学生创新活动的针对性和吸引力，有效避免了"为创新而创新"的创新误区，把学生的目光引向科技发展最前沿，有利于激发学生的创新热情与动力。

（五）志愿服务

志愿者是指不受个人利益的驱使，不受法律的强制，基于某种道义、信念、良知、同情心和责任感，为改进社会而提供服务，贡献个人的时间、才能及精神而从事社会公益事业的人或人群。志愿服务泛指志愿者利用自己的时间、自己的技能、自己的资源、自己的善心为邻居、社区、社会提供非盈利、无偿、非职业化援助的行为。

志愿服务活动倡导和弘扬伟大的志愿精神，前联合国秘书长安南指出，志愿精神的核心是服务、团结的理想和共同使这个世界变得更加美好的信念，从这个意义上说，志愿精神也是联合国精神的最终体现。所以说，志愿服务中所体现的志愿精神不仅具有世

界性意义，而且也具有人类共同价值。志愿服务是大学生社会实践活动的重要形式。通过开展志愿服务活动，引导大学生走出校门服务社会、奉献社会，努力践行志愿精神，不仅能培养大学生的"爱心""责任心"和"人类情感"，还能极大地增强大学生的社会责任感和历史使命感。

第三节　健全社会实践的长效机制

虽然社会实践意义重大，而且在高校中广泛实施，但仍存在一些问题。这就需要对社会实践活动进行组织和管理，并且进行评价与考核，以不断健全社会实践机制，确保社会实践长效发展。

一、社会实践活动的组织与管理

大学生社会实践活动的组织主要是指大学生社会实践活动领导机构、指导团队和实践团队的建设。大学生社会实践活动的管理主要是指大学生社会实践活动领导机制、指导机制、激励机制和保障机制的建设。大学生社会实践活动的组织与管理是否科学、规范和高效，是提高大学生社会实践活动实效性的关键所在。

（一）大学生社会实践活动组织与管理中存在的问题

随着时间的推移，大学生社会实践活动发生了变化，内容由单一化向多样化转变，方式由集中化、短期化向基地化、常态化转变。这些转变既是时代进步的反映，也是社会发展的结果。但大学生社会实践活动在组织与管理上还存在着不容忽视的问题。

1. 集中化与短期化

集中化与短期化主要表现在把社会实践活动集中安排在寒暑假期间进行，没有实现常态化，活动开展缺乏连续性。许多高校往往把社会实践活动当作一时之举，在寒暑假前才开始着手筹划社会实践活动，确定主题，统一安排，组织重点团队，在比较集中的一段时间内开展活动，多数情况下学生的参与面并不大，从中受益的整体效果不明显。

2. 工作机制不完善

工作机制不完善主要表现在以下几个方面。

第一，领导机制不完善。当前，高校寒暑假社会实践一般是由共青团或学生工作部（处）的一个部门组织实施的。但是，社会实践活动还涉及行政、教学、后勤等多个部门。只有各个部门齐抓共管，相互配合，才能确保大学生社会实践活动平稳有序地开展。目前，高校大学生社会实践活动还存在着领导机制不完善的问题，突出表现在领导责任不明确，没有形成合力。

第二，指导机制不完善。社会实践活动内容十分丰富，不同类型的社会实践活动有着不同的要求，学生参与其中需要有专职教师做专门的指导。

第三，激励机制不完善。目前大多数高校在社会实践活动的激励机制建设上并不完善，仅通过层层推荐审核，对先进个人和组织进行公开表彰。

此外，缺乏规范稳定的实践基地也是制约大学生社会实践活动开展的重要"瓶颈"。仅仅靠学生个人去联系实践单位，其效果也是不理想的。只有校方主动与各个企事业单位联系，广建基地，才能保证社会实践活动的持续稳定。

（二）大学生社会实践活动的组织

大学生社会实践活动的组织是一项复杂的系统工程，不仅需要高校多个主要职能部门的参与，也需要校、院（系）、班等多个层面的参与，同时需要全面统筹和充分利用校内、校外两个教育资源。因此，必须充分调动各个方面的积极性，做到既分工明确、责任明晰，又相互配合、协调一致，才能真正取得实效。

1. 建立大学生社会实践两级领导机构

第一，建立校级的大学生社会实践活动领导小组（或工作委员会），组成人员应包括分管党群、教学、学生、后勤工作的校领导及教务处、学生处、团委、后勤办的主要负责人，下设办公室，一般来说，可与党委学生工作部合署办公。

第二，建立院（系）级的大学生社会实践活动领导小组（或工作委员会），其组成人员与校级机构大体相同。

第三，明确责任分工。纵向而言，一般校级领导机构主要负责制度建设、统筹协调、宏观管理和考核评估等，而院（系）级领导机构主要是在校级领导机构的领导下，负责具体的组织管理工作。横向而言，一般由教学管理部门负责专业实习类、军事训练类和生产劳动类社会实践活动，由学生管理部门负责社会调查类和勤工俭学类社会实践活动，由党群组织负责志愿服务类、科技服务类和挂职锻炼类社会实践活动。

2. 建立校、院（系）两级指导团队

大学生社会实践活动管理的精细化离不开专业化的指导团队的指导，因此有必要建立专业化的指导教师团队。校级指导教师团队主要负责对社会实践活动的负责人和组织者进行专门培训；院（系）级指导教师团队主要负责对参与社会实践活动的广大学生进行专门培训。具体而言，专业实习类、军事训练类和科技服务类社会实践活动的指导团队应依托专业教师来组建，生产劳动类、社会调查类社会实践活动的指导团队应依托班主任来组建，勤工俭学类、志愿服务类和挂职锻炼类社会实践活动的指导团队应依托辅导员来组建。

3. 灵活组建社会实践团队

对于不同的社会实践活动参与者要有不同的组建方式，对于不同类型的社会实践活动要有不同的组建方式，对于不同时期的社会实践活动也要有不同的组建方式。不管如何组建，最终的目标都是确保每一位学生都能够接受有效的社会实践教育。例如，专业实习类社会实践活动一般是根据专业教师包干负责制来组建实践团队的；军事训练类社会实践活动一般按照不同院系、专业来组建实践团队；科技服务类社会实践活动一般根据项目组来组建实践团队。

（三）大学生社会实践活动的管理

1. 大学生社会实践活动的宏观管理

大学生社会实践活动的宏观管理关键在于大学生社会实践活动领导机制、指导机制、激励机制和保障机制的建设。只有全面建立和不断完善这四项机制，才能真正实现大学生社会实践活动平稳有序地开展，取得最大的实效。

第一，建立领导机制。要建立和完善包括责任制、督查制、报告制等在内的领导机制。每种类型的社会实践活动都要明确责任部门和责任人，形成齐抓共管、一级抓一级、层层抓落实的工作局面。校级领导机构要在明确责任分工、优化资源配置、协调工作冲突、进行督促检查、开展专题培训等方面发挥主导性作用；院（系）级领导机构要在策划部署、人员配备、考核评定、社会实践基地建设等方面发挥关键性作用。

第二，建立指导机制。没有高水平的专业指导，就不可能有高质量的社会实践活动。要建立校、院（系）两级指导教师团队。在此基础上，要进一步完善指导机制。一是通过加强课程建设，建立和完善高校社会实践培训课程体系及课酬制度，来推进校级指导教师团队的知识化和专业化；二是通过建立高校社会实践指导教师进修培训制度和活动补助制度，来推进院（系）指导教师团队的建设。

第三，建立激励机制。社会实践活动的最终受益者是学生。如果学生在活动中没有积极性，只是被动地参与，那么这样的社会实践活动就没有什么实效性可言了。因此，必须从学生在社会实践活动中可以获得什么，或者说作为施教者可以通过社会实践活动给予学生什么这个根本问题出发，建立完善的激励机制，才能让学生积极参加社会实践活动。具体而言，对于专业实习、军事训练、生产劳动、社会调查等活动，除了要根据不同情况给予学生一定的交通补助和生活补助外，还要通过总结表彰大会这种形式，对表现优秀的个人和集体进行公开表彰。对于勤工俭学、科技服务、志愿服务和挂职锻炼活动，要建立学分奖励制度，也就是探索和建立勤工俭学、志愿服务、挂职锻炼时数与学时之间恰当合理的换算关系，为进行学分奖励提供可靠的基础，还可以根据科技服务时间及科技项目获奖情况，对学生进行学分奖励。

第四，建立保障机制。开展高校社会实践活动是有成本的，也是有风险的，因此有必要建立高校社会实践投入机制和风险机制等保障机制。一是要建立学校、学生和社会三方共同参与的多元投入机制，二是要建立社会化的风险保障机制。学生在参加社会实践活动中存在着各种各样不确定的因素，容易发生这样那样的安全事故。因此，除了对带队老师和广大学生进行安全教育，采取必要的安全措施之外，还要为每一位学生购买商业保险。实践表明，购买商业保险是一种规避风险的比较稳妥可行的办法。

2. 大学生社会实践活动的微观管理

大学生社会实践活动的微观管理主要包括分类管理、学分制管理、项目化管理等内容。

分类管理就是根据社会实践活动的不同类型采取相应的管理方法。每种类型的社会实践活动都有着特定的内容，决定了社会实践活动的管理模式不能千篇一律。对于专业实习、军事训练、生产劳动和社会调查等集中性、短期性的社会实践活动，应采取统一管理模式，由学校统一安排部署；对于勤工俭学、志愿服务、科技服务、挂职锻炼等分散性、长期性的社会实践活动，应采取分散管理模式，充分尊重学生的选择权，服务于学生的多样化需求。

学分制管理就是把社会实践活动纳入统一的教学计划，对不同类型的社会实践活动采取规范化课程管理，明确学时和学分及学时核算和学分给定办法。对大学生社会实践活动进行学分制管理。目前来看，专业实习和军事训练作为学生的必修课，在各个高校已经比较扎实地开展起来，而且明确了时间和学分，同时也安排在相对固定的时期内进行。但是，生产劳动、社会调查、志愿服务、勤工俭学、科技服务和挂职锻炼社会实践活动，往往缺乏规范化的学分制管理，这种活动形式与学分制管理的规范化往往格格不入。因此，必须对专业实习和军事训练以外的社会实践活动进行科学分类和通盘考虑，要按照专业课程建设的标准来筹划每一类型的社会实践活动。

项目化管理就是对社会调查、科技服务、志愿服务等任务指向清晰、活动内容明确的社会实践活动，运用项目管理的方法进行规范化管理。这是一种任务导向型的管理模式，可以充分地调动广大学生参与社会实践活动的积极性和主动性。由于项目资金一般由学校全额拨付或筹集，申请人只要提出主题明确、意义突出、可行性强的方案，就可获得资助，所以申请人可以全身心地投入社会实践活动的策划和组织上，没有后顾之忧。这对于提高项目资金的使用效益、增强社会实践活动的实效性有着重要的推动作用。

二、大学生社会实践活动的评价与考核

大学生社会实践活动的评价与考核实际上是对大学生参加社会实践活动情况的一种

认证，也是对学生实践能力和综合素质的一种检验，具有极强的导向性。如果大学生社会实践活动的评价与考核体系不完善，就可能导致"重形式""走过场"弊端的产生。因此，必须构建合理、完善、有效的大学生社会实践活动评价与考核体系，从而让参与其中的教师和学生都能够有的放矢。

（一）大学生社会实践活动评价与考核中存在的问题

相对来说，专业实习、军事训练、科技服务、勤工俭学等社会实践活动的评价与考核体系比较完善。因此，大学生社会实践活动评价与考核存在的问题主要集中在生产劳动、社会调查、志愿服务等社会实践活动上。具体表现有：社会实践总结报告敷衍糊弄、过度依赖《社会实践表》结果考核、缺乏过程性考核等。

（二）大学生社会实践活动评价与考核的基本原则

大学生社会实践活动评价与考核的基本原则主要有以下五个方面。

（1）规范化原则。大学生社会实践活动的评价与考核只能在组织与管理的基础上来进行，没有组织管理的规范化就没有评价考核的规范化。由于社会实践活动本身的复杂性，必须实行分类管理，这要求在评价与考核上也要分门别类地来进行。基于社会实践活动规范化管理的要求，许多高校对社会实践活动实行了学分制管理和项目化管理，这就要求在评价与考核上充分体现学分授予的合理性与项目评审的公平性、公正性。

（2）统一认证原则。大学生社会实践是一项多层面、多部门参与的素质教育工程，因此它在具体的操作层面上往往表现为"分散"与"支离"。但是，对一个学生参加社会实践情况的评价与考核绝不是各个方面情况的简单相加或罗列，应该是一个全面客观的统一认证。只有把组织管理上的"分"与评价考核的"统"结合起来，真正做到统分结合，才能产生相辅相成的效果。

（3）结果性考评与过程性考评相结合的原则。坚持结果性考评与过程性考评相结合，就是要通过过程性考评，来推动反映社会实践最终结果的"实践报告"等材料与社会实践活动的实际过程相一致。指导教师有责任通过各种渠道和方法来全面了解学生参加社会实践活动的真实过程，绝不能仅凭一张纸下结论。

（4）"谁指导，谁评价""谁指导，谁考核"的原则。把评价与考核授予指导老师，是因为指导老师最有可能全面了解和掌握自己系指导的学生参加社会实践的真实情况。如果指导老师仅仅是指导而已，让其他人仅凭间接材料去评价与考核，就很难保证客观公正性。指导老师有权利也有义务通过直接和间接的了解，对自己所指导的学生进行客观公正的评价与考核。

（5）注重实效原则。社会实践贵在一个"实"字，否则就没有任何意义。那么，对

社会实践的评价与考核就不能停留在表面，要注重查实情、求实效。由于社会实践是由学校、学生和社会三方互动的开放系统，但很多时候是学校方不在场，而社会方却疏于管理，这样就留给了学生一个充分的自我管理的空间。如果在评价与考核这个环节上做不到实事求是，客观公正，那么就很容易让那些自律意识不强的学生钻空子。只有坚持注重实效的原则，才能避免学生弄虚作假、敷衍糊弄。

（三）大学生社会实践活动评价与考核的主要方法

1. 采取"优秀、合格"两级综合评价法

社会实践是一个整体，仅仅对每种类型的社会实践活动进行考评是不够的，还必须有一个综合的评价与考核。一般来说，综合评价涉及面广，以简单有效为原则。具体来说，参与评优的底线条件是，所有"课程"必须达到"B"级及以上。

2. 采取"ABC"三级单项评价法

对最基本的八种类型社会实践活动进行考评，可采取"ABC"三级单项评价法。"A"代表优秀，"B"代表良好，"C"代表合格。每种类型社会实践活动都要有一定的标准和要求，根据这些标准和要求来划定"A""B""C"不同等级。一般来说，只要完成了规定的学时数，至少就可以达到"C"级。在此基础上，表现良好为"B"级，表现突出为"A"级。在具体评分过程中，必须根据每种社会实践活动的不同特点制定不同的考评条例，内容要细化，标准要明确，同时还要简单易操作。这样，考评人才会尽可能地减少主观臆断的成分，实事求是地进行评判。

3. 学生自评与学校、社会商评相结合

学生对自己参加社会实践情况的信息掌握是最完全的，与学校及社会处于信息不对等状态。让学生先摆事实、举证据，做个自我评价，然后学校与社会再协商核实情况，做出综合评价，不仅可以有效缓解信息不对等的状况，还可以密切学生、学校、社会三方的沟通与联系，让考评更真实、更全面、更客观。从具体操作上来说，可以采取填写《社会实践登记表》的办法，让学生、社会和学校三方依次填写。学生在填表时，还要提供相关佐证材料或核查信息，因此学生在参加完每一项社会实践活动时，都要注意收集相关证明材料。学校作为最终考评方要慎重对待佐证材料，在必要时可以通过座谈会、电话访问等方式去核实情况，不可草率下结论。通过这种形式的互相监督，真正建立在事实、程序、规定面前人人平等的氛围与机制。

4. 实行社会实践卡制度

社会实践卡是真实反映学生参加社会实践活动情况的记录卡片。此卡一式两份，一份由学生本人持有，一份由学校持有，两份卡内容完全一致。社会实践卡必须由承担社

会实践统一认证的机构来发放和填写。基本填写程序是：学生每参加完一项社会实践活动，先依程序完成一份《社会实践登记表》的填写，同时把自己的社会实践卡及佐证材料附在后面，然后一并提交给社会实践认证中心。认证中心审查《社会实践登记表》及佐证材料的内容，根据社会实践评比考核的相关规定，给出最终考评意见，并填写社会实践卡的相关内容。填写完毕后，将学生持有的社会实践卡交还给学生，将学校持有的社会实践卡存档。

5. 实行社会实践证书制度

社会实践证书是对学生参加社会实践情况的认证，具有最高的权威性。学生凭此证，不仅可以证明自己参加社会实践的基本情况，还可以证明自己的实践能力和综合素质。其具体内容如下：

××同学，系××学院××年级××专业学生，在××年××月至××年××月，参加了专业实习、生产劳动、军事训练、勤工俭学、社会调查、志愿服务、挂职锻炼、科技服务等社会实践活动（把没有参加的项目直接划掉），成绩优秀（或合格）。特此证明。

社会实践证书要依据社会实践卡来制作，且证书后面须附上学生本人持有的社会实践卡才有效。社会实践证书同社会实践卡一样，也必须由社会实践认证中心统一制作和发放。

第七章

新媒体与大学生思想政治课程教学

20 世纪下半叶兴起的新科技革命浪潮，将人类社会推向一个全新的信息时代——新媒体时代。具备强大传播功能的新媒体日益深刻地影响着社会发展，同时也给高校思想政治教育带来了新的机遇和挑战。提升新媒体的效能，促进大学生思想政治教育是当前高校思想政治教育工作者的新使命，也是创新和发展思想政治教育理论的新机遇。

第一节　新媒体的特点与发展

新媒体是在传统媒体发展的基础上运用数字技术、网络技术、移动技术的新的媒体形态，随着互联网技术、智能手机的普及和发展，新媒体成为继报刊、广播、电视等传统媒体之后发展起来的新的媒体形态。

一、新媒体的内涵

（一）媒体与新媒体

媒体（media）指的是由文字、图像、声音或其中两种或三种的结合、组配形成，目的是传递信息（对方的感官所能接触并能理解的东西被称为信息）的媒介。通俗来说，媒体是通过运载、携带信息来往于信息源与接收者之间的。媒体的表现形式有很多，如计算机、网络系统、电视、无线电广播、录音带、电影片、幻灯片、照片、图

像、书籍、报刊等。一般而言，媒体有以下两种含义。[1]

（1）媒体是承载信息的物体。

（2）媒体是储存、呈现、处理、传递信息的实体。

新媒体（new media）是媒体的重要组成部分，从宽泛的角度也可以认为是一种媒介或技术手段。

（二）新媒体与传统媒体

与新媒体相对的是传统媒体。传统媒体指的是出现较早的大众传播方式，如报纸、杂志、广告、广播、电视等。其中，电视、广播、报纸、杂志被称为"四大传统媒体"。

在传统媒体的基础上，新媒体的出现被称为"第五媒体"，是基于技术创新而诞生的新的媒介形态。新媒体以网络技术、数字技术等为基础，而传统媒体主要依托于纸质文字进行传播。

从媒介产生和发展的历史脉络来看，人类的传播活动主要经历了如下几个发展阶段：口语传播时代、文字传播时代、印刷传播时代及电子传播时代。当然，各类媒介的产生在这个历史发展进程中并不是取代与被取代的关系，而是一个依次叠加的过程。

具体来说，新时代下，传统媒体的弊端主要表现在以下几个方面。

（1）对事件或新闻进行单一、线性呈现，无法保证信息的全方位性。

（2）鉴于版面限制，新闻和信息容量受限。

（3）新闻主要以大多数受众的阅读取向为基准，缺乏新闻的个性化。

（4）受出版时间限制，报纸、杂志等传统媒体只能以"年""月""日"为单位，无法迎合信息时代的背景。

（5）发行数量与地域受到限制。

（6）储存、检索受限。

总体而言，四大传统媒体进行的都是单向传播，无法进行信息和受众间的双向互动。

相较于传统媒体，新媒体以数字、网络为平台，主要有以下几个优点。

---

1 龙妮娜，黄日千. 新媒体与大学生思想政治教育研究[M]. 北京：光明日报出版社，2016：2.

（1）新媒体的传播与更新速度快，且成本较低。

（2）新媒体符合新时代下碎片化信息的获取方式。

（3）新媒体信息涵盖数量大，内容丰富，能够满足不同受众的需求。

（4）新媒体多为双向或多向的信息传播，有着较强的互动性。

（5）新媒体检索更加快捷方便。

（6）新媒体的使用与内容选择具有个性化，提高了信息获取的针对性与有效性。

（三）狭义的新媒体

新媒体的出现依托传统媒体的发展，其最初是在 1967 年由美国哥伦比亚广播电视网（CBS）基础研究所所长戈尔德马克（Goldmark）提出的。

随后，美国传播政策总统特别委员会主席罗斯托（Rostow）在向美国总统尼克松提出的报告中多次使用了 new media 的概念。"新媒体"随后在美国流行，不久便成为全世界的热门话题。[1]

狭义的新媒体指的是从新媒体所依赖的技术和具备的传播形态进行划分，依托数字化技术和交互性媒体形态进行的具有及时、互动传播特征的大众媒体。

对于新媒体的定义，众多学者的表述也不尽相同。清华大学新闻与传播学院熊澄宇教授指出："今天我们所说的新媒体通常是指在计算机信息处理技术基础之上出现和影响的媒体形态。"[2]熊教授的观点指出了新媒体出现的技术性条件。

简而言之，新媒体是区别于传统媒体，有着自身独特的基本构成要素，通过数字化、互动化，呈现出复合媒体的状态。

（四）广义的新媒体

广义的新媒体概念从开放的、宏观的、传播趋势的角度进行解读。狭义的新媒体主要将着眼点放在其作为媒介的作用进行解读，指的是信息传播的载体。

广义的新媒体主要研究在信息传播媒体改变过程中，传播者、受众角色转变后所带来的对社会、学科等的影响作用。随着新媒体的出现，信息的传播和加工变得更加多元化、复杂化，当今社会人人都可以主导话语权，这种话语权的转变打破了传统社会因社会分工导致的传播主导权的差异问题。个人话语权的扩大势必会影响社会舆论与社会影

---

1 宫承波. 新媒体概论[M]. 北京：中国广播电视出版社，2009：2.

2 石磊. 新媒体概论[M]. 北京：中国传媒大学出版社，2009：2-3.

响的作用范围，甚至在一定程度上也会推动社会运动和社会变革的出现。

因此，虽然新媒体作为狭义传播方式是社会技术发展的必然，但是这种传播方式的改变，在深层次上也影响着社会的整体发展。对于新媒体的研究也应该从宏观角度着手，将其和新的传播生态环境下的个体意识形态、价值认知等相联系。

本章对新媒体的研究，主要从狭义角度入手，分析其对高校思想政治教育的影响。

二、新媒体的特点

相较于传统媒体，新媒体呈现出以下特点。

（一）共享性与社群化

互联网使人类"地球村"的梦想变成了现实。人们可以通过网络等新媒体获得世界各地的信息而不受时间和地域的限制，网络传媒使受众具有了"全球化"的特征，世界上任何地方的任何事，任何国家的任何用户的观点，只要通过互联网就可以瞬间传遍全球，只要这一信息有足够的吸引力，就可以引起全世界的关注，全世界的人可以共享网上的信息。网络上的人们大多是"群居"的，各种社区、BBS 和自由论坛、俱乐部充斥在虚拟空间的各个角落。"群"是指基于新媒体技术产生的，方便兴趣相同的用户同时发布、交换和获取信息的新媒体应用。"群"产生的根本原因在于用户对特定信息和特定话题的交流与共享需求，用户既是"群"的创建者也是维护和使用者。

（二）自主性与参与性

在传统媒体传播模式下，受众很少有主动选择的余地。后信息时代，Web 2.0 条件下的新媒体形成了一种新的信息传播格局，从"传者中心"到"受者中心"，媒体使用者是信息消费者，同时也是信息生产者，每个人都可以成为一个媒体。在 Web 2.0 时代，每个人都可以成为一个媒体。Web 2.0 以个人为中心，每个人既是传播者，同时又是受众，这是一个革命性的变化。在新媒体中，人人有话语权、人们不再被动，既是新媒体的使用者，同时也是新媒体的创造者。新媒体的传播特点决定了新媒体使用者获取信息的方式是主动的、个人的，受众的主导性、自主性得到了空前的增强，广大民众通过新媒体，以制作草根新闻、参与论坛讨论等方式参与到社会公共事务中，促进了社会的发展。[1]

（三）个性化与专门化

传统媒体是大众化覆盖，网络媒体可以做到个性化服务。在网络传播中受众可以利用各种检索工具在各种数据库中"各取所需"，还可以自由选择信息接收的时间、地点

---

1 赵敏. 新媒体视域中的大学生道德教育创新研究[D]. 济南：山东大学，2012：33-37.

及媒介的表现形式，传播者可根据用户的需求为其进行信息的专门化服务。网民和受众不再需要按线性的播出流程被动地接收由编辑安排好的节目内容，而是可以根据自己的爱好和需求检索、选择和传播节目。博客、播客等自媒体属于个性化的体现形式，只要有一台上网的计算机，就可以任何形式写法律和政策许可的任何内容和信息，数字化传播改变了以往受众收听收看广播电视必须同步的特点，实现了异步性，受众可以在任意选定的时间内收听收看有兴趣的内容。

（四）复杂性与多元化

数字化媒体改变了以往媒体信息受控严格的局面，使信息的传播流通更为自由，改变了以往媒体地域性传播的特点，使传播的范围扩大至全球，人与人之间的信息交流沟通不再受地点、时间、形态的制约，新媒体的内容空间宽广无际，新媒体空间上的开放性导致了新媒体传播地域上的全球覆盖。时间与空间的开放性促使了信息的海量储存，可以横向容纳世界各地的信息，超越主权国家传统国界的信息交流日益便利、迅捷，国际间流通的信息量日益增多，内容日益繁杂。

由于新媒体的高度开放性，使得新媒体空间的信息呈现价值观多元的现状，不同文化的交流碰撞频繁，由于没有直接和实质的利害冲突，因而可以容纳多元的价值观共存。

（五）虚拟性与双向化传播模式

依托新媒体技术的人机交流，是在计算机数字化技术的基础之上发展的。个体以计算机为媒介进行信息输入，对传播者的文字、图像、信息进行解读。这种交际环境不用交际者进行面对面的沟通，构建了虚拟的交际方式。

新媒体构建的社交、文化场域逐渐成为社会思潮和意识形态冲突的主阵地，传播者通过文字、图形等符号在新媒体虚拟环境下表达自己的价值判断和观点，掌握新媒体传播规律，了解新媒体的使用者和传播者的传播心理机制。[1]

新媒体时代的人际传播是借助互联技术实现的人与人之间的传播，这种传播模式是双向的、借助媒体的，利用计算机、手机、移动多媒体播放器都可以完成同步与非同步的新人际传播，其对传统人际传播的发展与突破表现为：发出的信息可以永久储存并反向查询，双向性更强，反馈更及时。互动频率更高，是所有传播参与者的融合与交互，针对性更强，信息密集度更高，是对传统人际传播的优势放大和限制突破。

三、新媒体的发展

随着人类社会的发展，媒体形态经历了从报刊、广播、电视等传统媒体到网络、手

1　李林英，郭丽萍. 新媒体环境下高校思想政治教育教学研究[M]. 北京：人民出版社，2015：20.

机、数字电视等新媒体的发展过程。分析新媒体的产生和发展过程，对我们更充分地了解和认识新媒体，并为进一步创新新媒体环境下的道德教育奠定了基础。

（一）新媒体产生的背景

1. 计算机的发明和网络技术的应用

新媒体技术出现于 20 世纪中后期，以计算机的发明和网络技术的应用为科技基础和最主要的标志。1946 年，首台计算机 ENIAC 在美国诞生，为新媒体技术的发展提供了基础。互联网在 20 世纪最后 30 年的创造和发展，是军事战略大型科学组织、科技产业，以及反传统文化的创新所衍生的独特混合体。20 世纪 50 年代后期，苏联发射了首颗人造卫星，警示了美国的高科技军事机构，美国国防部先进研究计划局采取一系列大胆尝试，其中一部分改变了科技史，并引领了信息时代的来临。后来，数码技术允许声音、影像与资料等信息采用封包方式传输，形成一个不需要控制中心就可以在所有节点相互沟通的网络。数码语音的普及与沟通系统的纯粹网络逻辑，创造了水平式全球沟通的技术条件。1969 年，互联网的雏形初现在美国，名为 ARPAnet，它是国防部高级计划研究署的一个实验性网络。1983 年，一种新的网络协议（TCP/IP）（全称 Transmission Control Protocol/Internet Protocol，即传输控制协议/网际协议）成了互联网上的标准通信协议，这是全球互联网正式诞生的标志。

2. 数字技术的诞生和发展

数字技术的诞生和发展是新媒体出现的最基本的科技基础。数字技术是电话、计算机、电视走向融合，发展多媒体的技术基础。数字技术使信息生成与采集、信息分配、信息处理、信息存储、信息显示归并为信息内容、信息网、信息社会三大行业。数字技术使产品的成本相对其他技术而言随着产品的增多而变得更低，有利于面向需要大量产品的大众市场，因此，没有数字技术，就谈不上多媒体，更谈不上统一标准全球化。

21 世纪，人类在日常生活的各个方面更加追求人文精神和人性化，这对新媒体技术的发展提出了新的要求。在这个信息化快速发展的时代，新媒体技术满足了人们对信息的各种需求。从手机短信定制到个人博客网页再到数字化互动电视，新媒体所提供的服务项目比以往任何传统媒体都更进一步进行了细分。现代人渴望个性化的生存方式，强调自我，人们追求以人为本的精神为新媒体技术的发展奠定了人文基础。

（二）新媒体的发展进程

随着信息技术的发展，一些数字技术的出现推动了数字技术在人们日常生活中的普及，其中最主要的就是卫星电视、宽带网和手机无线服务平台。

卫星电视技术首先由美国于 1974 年试播成功，卫星电视技术将卫星的军事目的用

途扩展到为人们服务的层面。这项技术在日本和欧洲得到了广泛应用。卫星技术被广泛用于广播电视领域。

宽带技术是新媒体技术兴起的重要基础。随着程控交换技术和公共通道信令系统的引入，网络能力和容量大大增强。当数字技术诞生并与电信网相结合时，就诞生了如今人们所熟悉的宽带网技术。除传统媒体中的广播媒体系统外，手机可以说是在新兴媒体技术兴起过程中发展最迅速的一种新媒体平台。1984 年世界上首台手机由摩托罗拉公司研制而成，费用较高。在随后的一些年中，手机价格的下降与技术的不停翻新把手机带入了寻常百姓家。手机技术发展的初始阶段，手机的语音信号传输方式以模拟式为主，自从 GSM 技术兴起以来，数字式传输方式的手机替代了模拟式信号传输方式的手机，数字技术的优越性不仅使得手机制造的成本大幅度下降，而且其通话效果明显优于模拟式手机。

卫星电视、宽带网和手机无线服务平台三项数字技术的兴起为数字技术日后的多元化发展提供了可能。

总体而言，新媒体的发展呈现出两个特征。一是原生的新媒体形态不断涌现。从电子信箱、BBS、个人主页、手机短信，到微信、博客、播客、论坛社区等基于新的信息网络技术的原生媒体形态层出不穷。二是基于新的信息网络技术对传统媒体的创新或融合而产生的新媒体形态，如网络电台、网络电视、网络报纸、手机报等，丰富的媒体形式，拓展了传统媒体的生存空间。

（三）新媒体的主要类型

新媒体的基本类型可以分为互联网新媒体、手机新媒体、数字电视新媒体。

1. 互联网新媒体

互联网新媒体是建立在互联网上的各种新媒体形式，包括微信、博客、播客、维客，微博，网络电视，网络广播，网络报刊，各种网站等。

（1）微信、博客、播客、维客

微信（WeChat）是一个在智能终端上提供即时通讯服务的免费应用程序，支持跨通信运营商、跨操作系统平台通过网络快速发送免费（需消耗少量网络流量）语音短信、视频、图片和文字，还可以将用户看到的精彩内容共享给好友或"朋友圈"，以及使用基于位置的社交插件"摇一摇""公众号"等服务。

博客一词是从英文单词 Blog 翻译而来的，通常称为"网络日志"，简称"网志"，博客实现了多重的传播效果，横跨人内传播、人际传播、大众传播三种类型，是私人性和公共性的有效结合，其所提供的内容可以用来进行交流和为他人提供帮助，是可以包

容整个互联网的，具有共享精神和价值。

维基百科对播客做出了定义：播客（Podcast）是一种向互联网发布文件的方法，允许用户使用 RSS 订阅并且自动接收文件。播客 2004 年 10 月在美国开始流行，作为一种新型的传播媒介，播客为个人提供了表达渠道，也为公司和媒体提供了新的传播途径，其是多项技术在特定的时空下发生的一次共振。

维客的原名为 Wiki，是一种新技术，一种超文本系统。这种超文本系统支持面向社群的协作式写作，也包括一组支持这种写作的辅助工具。这是多人协作的写作工具，而参与创作的人也被称为"维客"。在维客页面上，每个人都可以方便地对共同的主体进行写作、修改、扩展或者探讨。同一维客网站的写作者自然构成了一个社群，维客系统为这个社群提供简单的交流工具。

（2）微博

"微博"这一概念译自英文单词 microblog，是博客的一种变体。微博简化了发布信息的方式，用户除了可以通过互联网发布信息，还可以使用手机短信随时随地发布信息。微博可以寄居于手机短信、彩信、即时通信工具（即 IM，如 QQ），Web 网站等。由于分享与搜索同步化，微博的传播速度与转发功能呈现"核裂变"式的几何级数效应。

（3）网络电视

网络电视即 Web TV，是指采用 IP 协议，通过互联网、以计算机为终端的视频传播业务，是一种承载在互联网上的新媒体业务。网络电视与传统电视相比，具有跨地域传播和互动性的特点。网络电视鼓励用户制作并分享内容，并且可以投票和评论其他人的作品，这就极大丰富了网络电视的内容来源。各种在线音视频技术快速发展，加上盈利模式的出现，网络电视业务已渐渐趋于成熟，并逐步向产业化迈进。

（4）网络广播

网络广播是指采用 IP 协议，通过互联网，以计算机为终端的音频传播业务，指在网上提供音频服务的广播业务提供商，向听众提供包括在线收听、下载及播客上传与 RSS 聚合等多样服务的一种新型广播形态。与传统广播的网络版不同，网络广播有自己原创的节目及独有的互动方式，RSS 和播客技术的应用使得其发展空间空前扩大。目前国内的网络电台主要有三种类型，一为政府网络电台，二为商业网络电台，三为个人网络电台。

（5）网络报刊

网络报刊，即通过互联网发行和传播的报刊，将多媒体技术、网络技术和通信技术

应用到报刊出版、发行、利用的全过程。网络报刊有网络报纸和网络杂志。

网络报纸的实践起始于 1994 年，如今网络报纸的发展突飞猛进。按报纸上网模式可以将网络报纸分为以下四种。

第一，建立一个独立的网站，将纸质报刊的内容原封不动地搬上网络，不提供其他的新闻和信息服务。

第二，建立一个独立的网站，上网报纸在提供原有内容的同时，根据报刊的侧重点提供相应的新闻、信息和其他一些服务。

第三，建立一个独立的网站，报纸印刷版的内容在该网站中只是一个小小的组成部分，更多的是提供信息服务。

第四，多家报纸联合建立大型的新闻网站。

网络杂志又称"电子杂志""互动杂志"，通常指的是完全以计算机技术、电子通信技术和网络技术为依托而编辑、出版和发行的杂志，以 Flash 为主要载体独立于网站存在。电子杂志兼具平面与互联网的特点，融入了图像、文字、声音、视频、游戏等相互动态结合来呈现给读者，此外还有超链接、即时互动等网络元素。

2. 手机新媒体

手机新媒体是以手机为接收终端的媒体形式，包括手机短信、手机报、手机电视等。

手机改变了人们的沟通和信息传播方式，不仅是一种通信工具，而且已成为继报纸、广播、电视、网络之后的"第五媒体"，在一定程度上与报刊、网络、广播电视等媒介相互渗透。手机媒体是借助手机进行信息传播的媒体。手机传播的优势在于高度的便捷性、互动性、网络化及用户的海量性。

（1）手机短信

手机短信中的人际传播是指依赖于手机短信这一特定媒介而进行的非面对面的交流活动。手机短信传播行为的人际传播特征非常突出。手机短信传播具有无中介、双向性、发送者和接收者平等参与、时间安排由参与者共同决定等特征。它的传播形式是互动性的，反馈可以是同步而及时的，也可以是异步的，机动性较强。

手机短信具有传播成本低廉，传播及时、可以保存编辑，传播门槛低、大众化特征明显，传播范围广泛，具有较强的参与性与广泛性等优势。但也有许多局限性，如信息承载量十分有限，短信传播缺乏权威性、并非理想的新闻传播载体，不良信息、垃圾信息等。

（2）手机报与手机出版

手机报是将纸质报纸的新闻内容，通过移动通信技术平台传播，使用户能通过手机阅读到报纸内容的一种信息传播业务。手机出版是指出版社以移动通信设备为平台，进行图书选题策划、编辑出版，信息发布、宣传营销及售后服务的新型出版形式。

（3）手机电视

手机电视是指利用具有操作系统和流媒体视频功能的智能手机观看的电视。手机电视开辟了一种不受时间和空间限制的信息传播渠道，使观众能够通过手机，以最快的速度观看最新的动态信息。手机电视具备电视媒体的直观性、广播媒体的便携性、报纸媒体的滞留性及网络媒体的交互性。它既是对信息传播方式的有益补充，也是对传统电视媒体的挑战。

3. 数字电视新媒体

数字电视新媒体是建立在数字电视基础上的新媒体，包括数字电视、IPTV、移动电视等。

（1）数字电视

数字电视（Digital TV，DTV）指节目信号的摄取、记录、处理、传播、接收和显示均采用数字技术的电视系统，包括从节目采集、节目制作、节目传播到用户端接收的全过程。[1]与目前使用的模拟电视相比，数字电视不仅可以让观众接收到更高质量的电视信号，还可以使观众由被动收看转为主动点播，不再受到节目播出时间的限制。随着有线数字电视的推广，中国目前的电视机将成为一个集公共传播、信息服务、文化娱乐、交流互动于一体的多媒体信息终端。

（2）互联网协议电视

互联网协议电视（Internet Protocol Television，IPTV）也叫"交互式网络电视"。按照国际电联的协议，IPTV 是指通过可控、可管理、安全传送并具有质量保证的无线或有线 IP 网络，提供包括视频、音频（包括语音）、文本、图形和数据等业务在内的多媒体业务。

（3）移动电视

移动电视是以数字技术为支撑，通过无线数字信号发射、地面数字接收的方式播放和接收电视节目。它最大的特点是处在移动状态、时速 120 千米以下的交通工具上，保

---

1 石磊. 新媒体概论[M]. 北京：中国传媒大学出版社，2009：42.

持电视信号的稳定和清晰，使观众可以在移动状态中轻而易举地收看电视节目。对于公交移动电视来说，"强迫收视"是其最大的特点。移动电视抓住受众在乘车、等候电梯等短暂的无聊空间进行强制性传播，使得消费者在别无选择时被它俘获，这对于某些设计好的内容（比如广告）来说，传播效果更佳。

第二节　新媒体对大学生思想政治课程教学的重要意义

在新媒体时代，大学生思想政治教育面临着双重的现实背景：一方面，新媒体使得思想政治教育的社会环境、文化环境变得更加复杂，对大学生的生活、学习、心理和价值观都带来了重大影响和严峻挑战；另一方面，由于新媒体技术在信息收集、信息内容与形式、信息传播渠道等方面的重大变革，作为一种新型教育形式，对大学生的思想政治素质、价值取向和道德观念的形成有着积极的影响作用，给高校思想政治教育带来了难得机遇。本节主要围绕新媒体在大学生思想政治教育中的重要作用展开分析。

一、新媒体突破了社会空间界限

在新媒体环境下，人们的感知范围和能力得到很大的提升，个体的传播能力和沟通能力得到加强。人们对世界的认识不再依赖单一、单向的信息来源，往往是在多信道中通过沟通和辨别来完成的。在如此社会环境下，高校思想政治教育原来的"点对面"的封闭式单向传播得以改变，新媒体的即时互动性不仅使信息传播"时间无屏障""资讯无屏障"，更重要的是突破了社会空间的界限。如今人们利用新媒体已经做到了随时随地与人对话、交流，在有关站点公开发表自己对有关事物的意见和建议，有时还展现出更强大的舆论力量。高校思想政治教育者由于垄断信息源（封闭环境）所产生的权威性受到动摇，随着传播内容的极大开放性，受众的主体地位得到极大的彰显和提升。[1]

二、新媒体塑造了全新的教育平台

传统的高校思想政治教育平台主要以课堂教育为主，教育手段也比较单一。新媒体技术为高校思想政治教育工作者塑造了全新的平台。从传播通道上来说，新媒体实现了从单向度、单维度向多角度、多维度转变；从传播内容上来说，实现了从静态、单一的形式向动态、多样的形式转变，信息的发布和传递更加自由，信息的接受与运用更加方便，从而彻底打破了传统思想政治教育载体的时空、速度限制，使得信息耗散与反馈失真的弊病得到了克服。

在新媒体时代，熟练掌握新媒体技术的高校思想政治教育工作者，可以通过新媒体

---

1 季海菊. 新媒体时代高校思想政治教育研究[D]. 南京：南京师范大学，2013：47-52.

的多种技术，集文字、声音、图像、数据等为一体，形成集成性、同步性、交互性和形象性的教育新通路，使高校思想政治教育更加生动活泼、富于艺术性且更具亲和力。可以说，新媒体为高校思想政治教育创造了最佳的技术环境，不仅带来了工作场所和对象、教育方式与手段，还使信息获取与传播得到突破性的改善，使传统的思想政治教育平台由单一性变为多样化和立体化；而且也极大地提高了思想政治教育信息的传播速度，增强了高校思想政治工作的生动性与感染力。

三、新媒体促使了青年亚文化的产生

新媒体促成了一种新的文化形态，即新媒体环境下的青年亚文化。这种亚文化有别于传统的表达方式，大学生群体在张扬个性、宣泄情绪的同时，尤其显示出一种对主流文化、精英文化的抵触。

新媒体时代青年亚文化对社会文化的发展有着独特的文化价值和社会价值。就文化价值来说，青年亚文化促成了文化传播方式的改变，从"单向"向"互动式"方向发展，充分体现了尊重文化自由平等的表达权利，使"个性文化"成为流行的主题，引领着社会文化朝着探寻真实的生命体验出发。就社会价值来说，青年亚文化已成为青年群体特有的生活态度和生活方式的依托，它不仅有利于从意识想象层面解决代际冲突，而且逐渐从虚拟空间开始影响到现实的社会生活。从社会交往方式的发展来看，青年亚文化作为一种新的生活方式，打破了传统的社会交往模式，极大地丰富了社会生活交往的内容，预示着新的社会交往模式的发展。

四、新媒体丰富了大学生的日常生活

新媒体时代各种形式的新媒体已深入渗透大学生日常生活的各个方面，对他们的衣食住行都产生了重大影响：以网购为例，现在大学生购物、买书、电话叫车、订票等主要通过网上形式完成。除了衣食住行外，QQ、人人网、微博、微信、公众号、APP 等的广泛应用，拉近了人与人之间的距离，方便了人们的交往，使得新媒体时代大学生的交际领域也更为广阔。新媒体给大学生生活带来了很多便利。

五、新媒体拓宽了大学生的学习模式

新媒体技术对大学生的学习方式、方法有着良好的影响，特别是对知识的积累有着明显的趋势；很多学生通过运用新媒体技术来达到辅助学习的目的，使用计算机和网络查资料，多数大学生认为新媒体技术对他们的学习造成了很大或较大的影响。与以往没有媒体技术时相比，现在大学生们通过新媒体能够及时了解和掌握到所学专业领域的最前沿的知识和信息，对深化课本知识、拓展自己的知识面，确实起到了很好的帮助作用。尤其是现在许多高校教师借助计算机或者在线的网络教学使得课堂或者学习进程变

得更加生动形象，改变了传统教学中学生只能依靠书本和老师传授的学习模式，对高校的现行教学模式改革也起到了积极的促进作用。

六、新媒体增强了大学生的主体意识

新媒体既为大学生群体提供了一个开放的、自由的、虚拟的话语空间，又为每个人提供了个性化的表达方式。在充斥于网络的各种各样的论坛、空间里，大学生在新媒体环境中有了做主人的感觉，每个人随时都可以以一种虚拟的身份用自己喜欢的方式就关注的政治事件表达自己的思想、发表自己的看法。应当说，在有新媒体之前，人们对各种问题也会有自己的不同认识和议论，只不过那时没有可供发表的平台和渠道，让许多好的建议湮灭在萌芽状态。现在这个局面打开了，大学生们可以通过微信、短信、论坛、聊天室、QQ 等工具，对自己感兴趣的各种话题发表看法、提出建议，充分表达和张扬自我，第一次有了社会主人翁感觉。在参政议政的过程中，大学生们获取了现实生活中不容易得到的自信和满足，使得自我意识不断完善，主体意识也不断得到增强。

第三节　新媒体在大学生思想政治课程教学中的应用

新媒体作为当代最具有革命性的科技成果之一，以一种全新的信息传播方式加速了思想政治教育的知识传播，更好地满足了思想政治教育者和受教育者之间双向互动的需要，不断地推动着思想政治教育日臻完善。

一、运用即时通信工具开展个别化思想政治课程教学

（一）充分利用 QQ 平台加强高校思想政治课程教学

1. QQ 可以缩短师生之间的空间距离，增进彼此了解

通过 QQ 平台的连接，可以缩短师生之间的空间距离，建立起融洽的师生关系，防止因空间地域的差异而对师生之间的交流造成阻碍，通过网络可以实现随时随地的交流沟通。在网络时代，教师在课余时间进行备课或学术研究工作的主要辅助工具为计算机，而学生也会经常利用计算机或手机上网，使得师生之间的交流沟通更为便利。因此，可以说借助于现代即时通信 QQ 工具是实现当代大学生与教师之间交流的最佳方式，在这一层面上来说，QQ 的重要性和广泛程度与师生之间的亲身交往相比更具有广泛性，从而对于师生间的交往不仅克服了空间距离，还大大缩短了时间损耗。只要教师在网上，学生随时都可以利用 QQ 和教师"面对面"地交流，教师也可以利用 QQ 对学生的疑问进行解答，帮助学生解决思想上的困惑、学习中的困难、生活中的困境。

2. QQ 可以拉近师生之间的心理距离，打开学生心扉

日常的学习生活中，很多同学一听说老师找他就紧张，担心自己是不是犯了什么错误，"恐惧感"就不自觉地产生。这种传统的师生之间的交流方式都是点对点、面对面的交流，在这样的环境下，学生无法全部敞开心扉，表达其真实想法，彼此之间的交流一定具有"保留性"。此外，学生的一些隐私或者其他问题，有时碍于面子也难以启齿，给师生之间的坦诚交流设置了一把无形的枷锁。

在 QQ 上交流则不同。QQ 因其具有匿名性、隐蔽性和无约束性，从而使得学生不用顾忌现实世界的困扰，他们在虚拟空间中能够放松心态吐露自己的心声，把自己的真实想法表达给倾听者。再者，在 QQ 中，教师通过设置个性化的网名，特别的头像，并且在与学生沟通的过程中可以使用一些诙谐的 QQ 表情，轻松幽默的语言，只可意会不可言传的 QQ 图像等，使得教师在学生心目中的形象不再那么严肃，而是亲切可爱，从而就会大大拉近师生之间的心理距离，由此能够更容易地获得学生的认同。这样的表现无疑可以使彼此之间袒露真性情，甚至可以无话不谈，进入更深层次的精神交往。继而可以使教师能及时地了解学生的真实想法，而帮助学生解决思想和心理问题，对他们进行正确引导。

3. 尊重聊天对象的性格爱好，做到因材施教

作为教育工作者，在与学生的交流中，首先，要做到尊重学生。尤其是在网络交往中，虚拟性与现实性并存，导致很难分辨出真实信息与虚假信息，同时由于网络的开放性，使得网络交流内容很容易泄露出去，从而造成严重后果。因此，对于在与学生交流沟通的过程中那些涉及学生个人隐私的聊天内容，教育者必须尊重学生个人的隐私，慎重对待，不可随意外传。而且教师在与学生聊天过程中，要以平等和关心的态度对待学生，语言运用要得当，语气和善，做到充分尊重学生。其次，由于网络语境和现实语境有很大的不同，因此教师在与学生进行网络沟通的时候必须多方面了解网络交往规则和网络语言的使用特点，减少与学生网上交流的障碍。另外，教师在与学生交流之前，应该先了解一些学生的个人信息、空间日志等资料，尽可能熟悉学生的性格特征、兴趣爱好，这样能够做到因材施教，对于与学生展开进一步的深入交流是大有帮助的。

（二）开通微信交流平台，抢占思想政治课程教学阵地

随着网络的迅速发展，使用微信进行免费的即时信息推送与语音对讲等已经成为多数年轻人生活中必不可少的一部分，通过微信这一平台，大学生在思想政治教育过程中的交流是平等的，而且收到的效果也是快捷高效的。以学院或者班级为单位在微信上创建交流群，师生可以通过手机将所遇到的热门话题进行实时互动，及时进行交流和探讨；除此之外，把学校作为一个更大的单位群体创建微信平台，把与校园文化相关的文

章推送给相关关注者，图、文、声并茂，用丰富多彩的形式宣传主流意识形态，抢占高校思想政治教育阵地。

二、注重手机新媒体功能在高校思想政治课程教学中的应用

手机作为一种新媒体，已经不再是单纯的通信工具，人们利用它可以随时随地上网获取信息、收发彩信、了解新闻、收看电视等，给生活带来了许多便利。

（一）手机媒体的概念

随着信息科技的飞速发展，新媒体的表现形式也在发生着巨大的转变，当今时代，手机媒体已经成为新媒体的主要表现形式，并且随着社会的变化其内涵和表现形式也越来越丰富。有人认为，新媒体是在弥补前一种媒体缺陷的基础上诞生的，从这个意义上来看，对于手机媒体可以定义为：在互联网产生以后为了克服之前媒体存在的缺陷而产生的一种新的媒体形式。相比较于其他媒体而言，它的传播介质更加适于信息传播。当然这一新媒体的实现形式是依附于互联网的，但它具有自成一体的无线网络。与那些使用有线网络的计算机比较来说，手机媒体能够更加及时、迅速地处理信息，具有更强的互动性。并且手机的形体更加小巧玲珑，携带方便，更符合大学生个体的需要。相对于互联网来说，手机媒体具有更强的防范病毒和黑客攻击的能力。因此可以说，在现代社会或者未来的发展中，由于手机媒体人性化的传播优势使其将成为新媒体发展的主要方向。

对手机媒体没有确定的严格科学的界定，大部分关于手机媒体的解释都是模糊不清的，不同专业背景的人有着不同的说法，以至于出现了一些表述上的不一致。本书中认为：手机媒体是以移动终端（手机）为媒介，以通信网络为基础，以双向或多向互动为主要传播方式进行信息传播的新媒体，是通过手机进行信息表示和传输的载体。

（二）运用手机媒体开展思想政治课程教学的有效措施

手机媒体成为教育平台，能够提供更为丰富的资源，并且由于其广泛的覆盖面，能够成为思想政治教育信息的集散地和社会舆论的放大器。因此，高校必须探索出一条运用手机媒体开展思想政治教育的有效途径，使手机媒体为传播社会主义先进文化而发挥自身的作用，成为思想政治教育的前沿阵地和广阔空间。

1. 重视手机媒体作用，增强引领的导向性

大学生思想政治教育在树人、育人的过程中，既要注重互动性、针对性，也要重视信息传播媒介的导向性、理论性。深入了解不同教育对象的实际认知能力、道德水平和思想状况，有的放矢地引领、疏导其提升境界、树立信念，通过增强引领的导向性来提升思想政治教育的实效性。

要在全社会范围内建立信息平台，引领正确舆论导向。国家机关、政府机构、社会组织必须充分认识到手机媒体在思想政治教育中的引领作用，在全社会范围内建立广泛的信息应用平台，以现代信息技术为先导，提高信息加工处理和反应速度，扩大信息传播的覆盖面，凝聚力量、鼓舞士气、导正风气，增加思想政治教育的控制力和主动权。同时，也必须认真考虑青年一代的各方面需求，在大学生思想政治教育过程中调动青年人的积极性和参与性，在教育者和受教育者之间营造出平等、开放、互动、共享的教育氛围，充分发挥手机媒体的舆论引导功能，将社会主流文化渗透其中，弘扬社会正气。

2. 聚焦大学生主体地位，倡导健康文明的手机文化

大学生是校园活动的主体，要重视大学生的主导地位，给予其充分的尊重，通过手机媒体的运用，实现教师与学生之间的平等沟通与交流。此外，高校要重视校园内的手机文化建设，构建独具魅力的手机文化环境，倡导积极健康的手机媒体运用。高校应组织文明向上的手机文化交流活动，促使大学生提高自身的文化和思想道德修养，抵制不良信息的侵蚀，树立积极向上的生活态度。

3. 建立宏观监控管理，提高手机媒体社会责任感

在大众群体中手机的使用是非常广泛的，再加上手机本身所具有的特点，手机所传播的信息良莠不齐，有些内容可能会对大学生的思想和行为产生不良影响。对此，相关部门就必须加强对手机媒体的监管，建立宏观监管机制已经刻不容缓。

首先，手机媒体行业必须加强自我监督、自我管理，完善行业自查机制。手机媒体行业必须严格制定和执行行业规范，加强自我监督、自我管理，从源头入手，坚决清除那些具有负面影响的不良信息。并且联合与手机媒体相关的各方力量，从技术、法律、道德等层面监督管理手机媒体行业，积极贯彻执行监督管理条例，为手机媒体行业的健康发展贡献自己的一份力量。

其次，手机媒体的社会责任感亟待提高。政府部门必须建立健全手机媒体行政管理机制，加强手机媒体领域的社会责任意识、道德意识和法律意识。手机媒体行业则需要加强从业人员社会道德和职业道德建设，主动接受有关部门和手机用户的监管，勇于承担净化手机媒体传播环境、维护公共信息传播秩序的责任，履行保障手机媒体安全、稳定、有序发展的社会责任和义务。

第八章

加强大学生思想政治课程教师队伍建设

新时期，科技进步日新月异、综合国力日益增强，与此同时，国际局势发生深刻变化，国际竞争日趋激烈、世界多极化和经济全球化特征更加明显，在这样的背景下，我国提出了加快推进社会主义现代化的神圣任务。为了能够更好地实现新的发展目标，党和国家提出了建设高素质专业人才队伍和领导干部队伍的人才战略。高校以培养社会主义建设人才为重要任务。思想政治教育作为社会主义大学的重要特征，在全面发展的教育中占主导地位。大学生思想政治教育的效果，关系着人才培养的质量，关系着社会主义和谐社会构建的成效。加强大学生思想政治教师队伍建设是做好大学生思想政治教育工作的根本保证。这支队伍的状况如何，直接关系到大学生思想政治教育目标的实现。

第一节　大学生思想政治课程教师队伍建设的必要性与基本思路

大学生思想政治教育者是根据社会主义事业发展的要求，用马克思主义政治观、世界观、人生观、道德品质和法纪意识，向高校职工和学生进行有目的、有计划、有组织的教育活动，以提高高校教职工和学生思想道德素质的人，是高校思想政治教育实施的主体。广义上，高校思想政治教师队伍是高校思想政治教育者的集合体，包括高校的全体党员、干部、上课教师等。狭义上，大学生思想政治教师队伍是指由受党组织正式委托从事高校思想政治课程教学的人员组成的群体。高校思想政治课程教师队伍作为高校

思想政治教育的主体，在高校思想政治教育工作中发挥着主导作用。[1]

一、大学生思想政治课程教师队伍建设的必要性

（一）基本保障——提升大学生思想政治课程教学成果需要加强队伍建设

大学生思想政治课程教学能否达到预期的效果，其价值能否实现，一要靠真理的力量，二要靠人格的力量。但无论是真理的力量还是人格的力量，都要通过高校思想政治教育工作者体现出来。一方面，他们所宣传教育的内容，必须是合乎实际、反映事物的本质和社会发展的真正规律，能够正确而且深刻地体现马克思列宁主义、毛泽东思想、邓小平理论、"三个代表"重要思想、科学发展观、习近平新时代中国特色社会主义思想理论体系及党的路线、方针、政策的精神实质；另一方面，他们又必须带头实践自己所宣传、提倡的东西，做到言行一致，才能起到示范带头作用。因此，只有提高思想政治教育工作者的素质和能力才能推动高校思想政治教育工作向高水平发展。

（二）客观需要——改进大学生思想政治课程教学效果必须加强队伍建设

思想政治课程教师队伍建设是关系到思想政治教育目标、内容、过程、评价、领导能否得到贯彻落实，思想政治教育工作能否取得实际效果的一个重要环节。研究思想政治教师队伍的建设规律，把握这支队伍的结构、职能和培养、管理的组织措施，是全面提高思想政治教育者的素质、搞好思想教政治育工作的组织保证。

（三）基本要求——社会发展稳定需要加强高校思想政治课程教师队伍建设

社会改革与发展，都是在一定的环境中进行的，如果没有稳定可靠的环境作为保障，那么社会改革工作将会受到巨大的阻力，从而影响社会的发展。思想政治教育工作者肩负着维护社会发展和稳定的重要责任，正是因为有了他们的存在，才使得社会改革稳定地前进与发展。思想政治教育工作者在思想政治教育中有着重要的作用，他们直接与受教育群体接触，能够清晰地了解受教育者的思想状况及内心的需求，能够很好地弥补思想政治教育针对性较弱的缺陷。

（四）客观要求——新的时代背景需要加强大学生思想政治课程教师队伍建设

党和国家提出了新时代我国实现中华民族伟大复兴的中国梦的发展目标。为了完成这个奋斗目标，新时期的社会公民必须肩负起这一光荣而伟大的历史任务，做一个合格的、优秀的新时代青年。在高校思想政治教育的开展过程中，应该深入进行马克思主义基本理论、党的基本路线和基本纲领等内容的教育，帮助他们树立起坚定的社会理想。在社会群体中的宣传教育，引导人们树立中国特色社会主义的共同理想，加强高校思想

---

1 赵君. 新时期高校思想政治教育队伍建设实证研究[M]. 北京：冶金工业出版社，2008：1.

政治教育工作，应该妥善处理各种矛盾和问题，特别是涉及社会成员切身利益的矛盾，一定要谨慎地处理和对待，以保持友好团结的局面。爱国主义教育也是思想政治教育中的重要组成部分，要抓住社会群体的思维特点和心理需求，结合他们的需求深入开展以爱国主义为核心的团结统一、爱好和平、勤劳勇敢、自强不息的民族精神教育。党团组织应该充分发挥自己在思想政治教育中的领导作用，通过合理的规划与管理在社会群体中全面开展思想政治素质教育，坚定社会成员的政治立场。精神文化教育是提高公民思想道德水平的重要途径，同时也是进行思想政治素质教育、提高人们思想政治水平的重要方式。

二、大学生思想政治课程教师队伍建设的基本思路

（一）确立指导思想

高校的发展离不开人才，大学生思想政治课程教师队伍是高校思想政治工作中宝贵的、不可或缺的人才资源，是高校发展的第一资源，也是最有增值潜力的资源。目前，部分高校的大学生思想政治课程教师队伍还存在结构不合理等问题，这直接制约了大学生思想政治课程教学工作的质量提升。因此，加大思想政治课程教学工作人才引进力度，构建"以人为本"的现代人力资源管理开发体系，不断提升整体水平，是大学生思想政治课程教师队伍建设的当务之急。

在大学生思想政治课程教师队伍建设工作中，要"加强引进，做好稳定，重视培养，发挥作用"。加强引进是前提，做好稳定是基础，重视培养是关键，发挥作用是目的。将思想政治工作人员的全面成长与高校思想政治工作的深入开展有机结合，实现"双赢"。

（二）遵循基本原则

一是优化结构与增加队伍总量的原则。一方面要注重改善高校思想政治课程教师队伍的结构，包括年龄结构、学历结构、专业结构、职称结构等，形成科学合理的思想政治课程教师队伍梯队。另一方面，要注重提升思想政治课程教师队伍总量，加大思想政治工作人才引进的力度。

二是注重培养开发的原则。建立合理的培训机制，运用现代人力资源管理开发技术，对思想政治教育人力资源进行开发、培养，促进其自我完善和自我增值。

三是激励发挥作用原则。通过建立合理的人才选拔机制、队伍培养机制、队伍管理机制，以合理使用高校思想政治工作人力资源为目的，使高校思想政治教育工作者充分实现自身的社会价值和自我价值。

第二节 大学生思想政治课程教师队伍的素质能力要求

大学生思想政治课程教师队伍担负着思想政治教育设计、实施、检查和总结等任务。队伍的素质能力是一个队伍的关键，也影响着大学生思想政治课程的教学效果。

一、素质要求

大学生思想政治课程教师队伍作为大学生思想政治教育活动的组织者、实施者，教育、引导并规范着社会成员对理论知识的学习和应用，因此，大学生思想政治课程教师队伍应该具备多方面的素质。

（一）政治素质

思想政治课程教学是党的事业的重要组成部分，它是实现党的总任务和奋斗目标的一种实践活动，因而具有强烈的党性和政治性。它主要包括以下几个方面。

第一，教师要有坚定的理想信念。坚定的理想信念，即以坚定的共产主义信念、社会主义信念为人生目标，这是精神的支柱。只有信念坚定，才能明确前进的方向，产生战胜各种困难和挫折的强大精神动力，才能自觉地把共产主义远大理想、有中国特色的社会主义共同理想同现阶段的任务很好地结合起来，积极投身于教育事业，以高度的事业心、坚定的信心、高度的责任感和顽强的毅力做好工作。

第二，教师要有正确的政治方向。教师队伍要毫不动摇地坚持党的路线、方针、政策。这种政治方向应该具体表现在坚决贯彻执行党的基本路线，坚决拥护党的十一届三中全会以来的路线、方针、政策，在政治上自觉同党中央保持一致。

第三，教师要有坚定的政治立场。政治立场是一个人在观察问题和处理问题时，所处的根本政治地位和所持有的根本态度。坚定的政治立场，即坚定地站在无产阶级党性立场上。只有具备了坚定的政治立场，才能在大是大非问题上站稳脚跟，并理直气壮地对广大学生进行宣传教育工作。

第四，教师遇事要有鲜明的政治观点。政治观点是政治方向和政治立场的具体化和表征化。教师队伍一定要有鲜明的政治观点，坚持什么，放弃什么，赞成什么，反对什么，都必须明确。教师队伍要树立辩证唯物主义和历史唯物主义的基本观点，树立全心全意为人民服务的基本观点和群众路线的基本观点等。

第五，教师要遵守严格的政治纪律。教师队伍要对自己有比较严格的政治纪律要求，自身的言行规范都要符合自己所倡导的政治信仰和政治方向。教师队伍一旦偏离或违反了这些政治规则，其后果是不堪设想的，尤其是对大学生的不良影响更是无法估量

的。因此，严格的政治纪律是教师队伍坚持正确的政治立场的坚强保障。

（二）思想素质

大学生思想政治课程教师队伍对学生有着示范、引导的作用，其言行潜移默化地影响着学生的成长，这就要求教师队伍要以身作则，具备较高的思想政治素质，并将这些思想政治素质具体实行起来，保持言行一致。具体来讲，大学生思想政治课程教师队伍的思想政治素质主要包括科学的世界观、人生观、价值观，辩证唯物主义和历史唯物主义的基本观点，社会公德和家庭美德，职业道德素质。

（三）科学文化素质

教学包含语言表达、教学设计、课堂管理、教育机制等多种因素，它需要教师具备多方面的科学文化素质。具体来说，大学生思想政治课程教师队伍的科学文化素质应包括以下几个方面。

1. 知识素质

大学生思想政治课程教师队伍的知识素质包括：本体性知识和条件性知识。本体性知识主要指作为教育者所具备的有关思想政治学科的专业知识，如马克思主义基本理论，党建、党史知识，中国特色社会主义理论等。条件性知识主要指有关教学等的理论知识和专业文化知识，如教育学基本理论及社会学、政治学、教学设计、学科教材设计、学科教学方法和艺术等。另外，大学生思想政治课程教师队伍还要丰富自己的知识体系，要在哲学、经济学、文学、历史学、教育学、心理学等方面有一定的了解。

2. 科学素质

科学素质主要包括科学精神、科学知识、科学方法和科学态度等。科学知识是科学素质的基础，主要指人们对自然现象和过程本质、规律的认识；科学方法是人们认识世界总结出来的正确思维方法，它提供了认识世界的独特视角、域界、层次和思维方法；科学态度是指坚持实事求是的原则探索真理和捍卫真理；科学精神包括创造精神、求实精神、理性精神、批判精神和发展精神等。

3. 审美素质

思想政治教育是追求真、善、美的实践活动，因此大学生思想政治课程教师队伍要具有高尚的审美素质，要学会运用美学尺度指导教学活动，让社会成员在学习知识获得能力的同时，欣赏美、体验美，从而具有轻松愉快、积极向上的良好心态。大学生思想政治课程教师队伍的审美素质要从审美观、审美感受力、审美鉴赏力及审美创造力等方面入手。

（四）身体心理素质

现代高校思想政治课程教师队伍的身体心理素质主要包括有强健的体魄、健康的生活、正确的认知、愉快的情绪、坚韧的意志、执着的信念、合理的需要、广泛的兴趣、谦和的气质、开朗的性格、完整的人格和高尚的品质。它对现代高校思想政治课程教学工作的顺利进行、教师自身的发展、学生个性的全面发展都有重要作用。

（五）网络媒介素质

大学生思想政治教育工作者的网络媒介能力是指大学生思想政治教育工作者利用网络媒介增强思想政治教育工作效果的能力。大学生思想政治教育工作者应该具备如下四个方面的媒介能力，即网络媒介的运用能力，分析、制作网络信息的能力和培养大学生网络素养的能力。

1. 网络媒介的运用能力

首先，大学生思想政治教育工作者要熟练掌握各类网络常用信息媒介与工具的操作。

其次，要有较高的外语水平。网络时代，大学生思想政治教育工作者的外语水平特别是英语水平，已经成为衡量大学生思想政治教育工作者综合素质的重要依据。信息技术的飞速发展和互联网的广泛应用，使全球信息实现快速融合。国际上最新的网络技术的交流和使用，很多是通过英文向世界推广的，思想政治教育工作者具有较高的英语水平，有利于掌握网络的使用情况，提高获取信息的能力，进而提升网络的使用能力。

2. 分析、制作网络信息的能力

分析、制作网络信息的能力是指大学生思想政治教育工作者利用已经获取的有价值的信息，遵循大学生思想政治教育基本原理，结合网络的应用，分析、创作出适合大学生网络思想政治教育工作材料的能力。网络时代，信息技术快速发展，大学生思想政治教育工作者除了掌握思想政治教育基本功外，还应适应网络时代要求，注重自身能力结构的完善，具备创造性的分析、制作信息的能力。

这种创造性的信息制作能力主要表现在两个方面。一是要具有较高的信息整合能力。网络时代，信息数量成级数增长，大学生思想政治教育工作者不能仅仅简单地把信息堆砌起来，还必须集各媒体之所长，通过网络媒介来获取国内外发生的重大事件，综合运用文、图、声、像等多种表现手法，对所收集的信息资料进行汇编整合、加工提高，使之体现深层次的内涵。二是要具备创新大学生思想政治教育的能力。网络时代，信息的迅速更替和传播速度日益加快，在激烈的意识形态斗争领域中，谁能充分利用网络媒介资源，创作出大学生喜闻乐见的积极向上的思想"作品"，谁在争夺意识形态斗

争主动权时就具有优势。为此，大学生思想政治教育工作者应当适应网络时代的要求，拓宽大学生思想政治教育工作新选题，凸显独特风格，积极探索大学生思想政治教育工作新方法，始终站在时代前沿，形成与大学生共同交流、共同进步的思想政治教育的新局面。

3. 培养大学生网络素养的能力

培养大学生网络素养的能力是大学生思想政治教育工作者网络素养的最高目标与落脚点，是其网络素养的高层次阶段。大学生网络思想政治教育工作者作为特殊的媒介受体，与普通大众的最大区别是他们不仅要掌握基本的媒介生存策略，更重要的是要将这种思维和策略通过教学的过程传授给学生，将他们的网络知识转化为对学生媒介素养的提升。大学生思想政治教育工作者网络媒介能力的提升，是从对网络媒介基本知识的认知开始，经过对网络媒体技术开放性、本质的了解、传播信息的方式及网络信息的价值认识，最终转化为对大学生网络素养的能力的培养。因为，唯有大学生的网络素养得到切实增强，大学生思想政治教育工作者的网络素养能力才真正得到升华，二者互为补充，相互促进。对此，大学生思想政治教育工作者应具备较强的整合能力与融会贯通能力，将自己的思想政治教育工作与网络素养进行有效的融合，融入网络素养教育的思维与内容，使其合理有效使用媒介，利用网络媒介增长知识，以及提高对网络信息的辨别能力，形成健康向上、积极进取的思想意识和审美情操，实现在培养大学生网络素养的基础上，提升自身的网络素养。

二、能力要求

高校思想政治课程教学工作既要坚持科学性，增强说服力、震撼力和穿透力，也要尊重教育规律。思想政治课程教师队伍要改变以教师为中心的理念，发挥学生能动性，让学生在思考、比较、鉴别中学习。教师队伍能力要求主要有以下几个方面。

（一）教学能力

教学能力是对教学信息的加工和传导，以及对教学的组织管理能力，即我们通常所说的教学技能、教学技巧。教学能力是教师队伍能力结构中最重要的部分。只有具备对教学信息进行合理加工和传导的能力，所教内容才能被学生掌握和接受。

（二）教育能力

教育能力主要是指教师队伍的组织管理能力、品德教育能力、处理偶发事件的能力和指导社会成员生活的能力等。大学生思想政治课程教师队伍只有具备良好的教育能力，才能够营造出思维活跃、生动活泼的学习气氛，提高大学生思想政治课程教师队伍的实效性。

（三）教学艺术

思想政治教育学作为一门特殊的学科，对教师的理论水平、知识水平、思想境界、文化气质、语言艺术、交往技巧、人格修养等方面提出了比普通科目更高的要求，需要教师特别讲究教学艺术和教学策略。思想政治教育课必须结合受教育者、教学时间、教学方法、教学手段等因素，在因材施教的基础上，使教学发人深省，具有说服力和感染力。

（四）对话能力

现代高校思想政治课程教学的特殊性使得思想政治课程教师队伍必须结合社会上出现的新事物、新现象开展教学，从学生所思所想出发，提高与学生对话的能力。

（五）实践能力

理论知识学习的最终目的是指导实践，尤其是对思想政治理论而言，如果不将其运用到实践中，就容易显得空洞。因此，在教学过程中，思想政治课程教师要根据思想政治教育的专业知识和社会成员的特点，理论联系实际，让社会成员在日常生活中体验和感悟理论知识，提高社会成员观察问题、分析汲取知识、进行科研创新的能力。

（六）创新能力

现代社会知识不断更新，大学生思想政治课程教师队伍要不断吸收新知识，了解当前的形势及最新产生又普遍存在的问题。尤其是对思想政治课程的教师来说，当今社会政治、经济局势不断变化，各种新问题和新现象不断产生，教师结合新形势、进行科研创新显得尤其重要。为此，思想政治课程教师要树立终身学习的观念。

（七）科研能力

科研能力体现在教师队伍对专业知识和教育理论的刻苦钻研上，体现到现代高校思想政治课程教学中就是教师要积极关注本学科的科研动态和学术信息，追踪学科前沿，并结合时事热点和焦点问题，提高教育和教学质量。

三、师德修养

（一）师德素质

师德是一切教育工作者在从事教育活动中必须遵守的道德规范和行为准则，以及必须具备的道德观念、情操和品质，是职业道德的一种。作为以思想境界改变为效果的思想政治课程，尤其要注重师德素质。思想政治课程教师应当将高超的教书育人水平与高洁的为人师表品质结合起来，在人们心目中树立起学识渊博、爱岗敬业、品行端正、诲人不倦的良师益友形象，让人们既得到知识的哺育，又得到美德的熏陶。因此，在弘扬职业道德、维护自身形象方面，思想政治理论教育工作者应有更高的要求和自觉。

（二）思想境界

思想境界指的是理论课教师认识事物和认识自身所达到的觉悟程度（尤其是对教育规律和社会主义核心观教育的认识）。一般而言，理论课教师的思想境界水平越高，越能够做好思想政治教育工作。

（三）思想作风

思想作风是指思想政治课程教师在日常教学工作中所形成的比较稳定的行为准则和做事风格。思想政治教程师应坚持解放思想、实事求是、与时俱进、一切从实际出发的思想路线，坚持理论联系实际，具体问题具体分析的科学态度；要襟怀坦荡、光明正大、大公无私、办事公道；要谦虚好学、虚心待人、谨慎从事，对自己严格要求；要有积极的人生观和价值取向，要有高度的社会责任心和使命感，以培养社会成员为己任，积极工作，努力进取，为坚持和发展马克思主义而努力奋斗。

第三节　大学生思想政治课程教师队伍建设的长效机制

高校的发展离不开人才，大学生思想政治课程教师队伍是思想政治工作中宝贵的、不可或缺的人才资源，是高校发展的第一资源，也是最有增值潜力的资源。目前，大学生思想政治课程教师队伍还存在着总量不足、结构不合理的问题，这直接制约了大学生思想政治课程教学工作的深入开展。因此，加大思想政治教育工作人才引进力度，构建"以人为本"的现代人力资源管理开发体系，不断提升整体水平，是大学生思想政治课程教师队伍建设的当务之急。

一、加强高校思想政治课程教师队伍建设

（一）高校思想政治课程教师队伍的建设目标

高校思想政治课程教师队伍的建设主要有四个目标：学历结构目标、职称结构目标、年龄结构目标和专业结构目标。学历结构目标是指引进应届毕业生从事教学工作，加强在职教师的继续教育，提高思想政治课程教师的平均学历。职称结构目标是将高校思想政治课程教师的教授、副教授、讲师、助教比例形成一个橄榄形的稳固结构，增加副教授、讲师的比例。年龄结构目标是指中青年教师的比例，形成老中青结合的教师队伍。专业结构目标是让相关专业的教师占主体，再增加一定比例的与学生专业相同或相关的思想政治课程教师。

（二）高校思想政治课程教师队伍的建设要求

近年来的全国高校思想政治课程教师座谈会多次强调，教好思想政治课程的关键在发挥教师的积极性、主动性、创造性。思想政治课程教师，要给学生心灵埋下真善美的

种子，引导学生扣好人生第一粒扣子。思政课教师要做到六个要：

第一，政治要强，让有信仰的人讲信仰，善于从政治上看问题，在大是大非面前保持政治清醒。

第二，情怀要深，保持家国情怀，心里装着国家和民族，在党和人民的伟大实践中关注时代、关注社会、汲取养分、丰富思想。

第三，思维要新，学会用辩证唯物主义和历史唯物主义，创新课堂教学，给学生深刻的学习体验，引导学生树立正确的理想信念、学会正确的思维方法。

第四，视野要广，有知识视野、国际视野、历史视野，通过生动、深入、具体的纵横比较，把一些道理讲明白、讲清楚。

第五，自律要严，做到课上课下一致、网上网下一致，自觉弘扬主旋律，积极传递正能量。

第六，人格要正，有人格，才有吸引力。亲其师，才能信其道。要有堂堂正正的人格，用高尚的人格感染学生、赢得学生，用真理的力量感召学生，以深厚的理论功底赢得学生，自觉做为学为人的表率，做让学生喜爱的人。

（三）高校思想政治课程教师队伍的建设实施

高校思想政治课程教师队伍的建设可以分为教师自身和教师教学、科研环境的建设两个方面。

1. 提高教师自身综合能力

（1）解决思想政治课程教师自身的思想问题

加强思想道德教育，有助于端正思想政治课程教师的教学态度，提高他们的政治素质，使他们意识到自己作为一个马克思主义信仰者和宣传者所担负的神圣职责和使命，解决他们思想上的问题，清除思想政治课程教师队伍不稳定的主观因素。

（2）提高思想政治课程教师的科研能力

随着知识体系的不断扩充，高校对思想政治课程教师的要求也进一步提高，科研能力也成了高校考核思想政治课程教师的条件之一，所以教师必须在教学之余，不断提高自己的科研能力，不断更新知识结构，总结自己的教育成果。

（3）加强教师的教学能力

思想政治教育主要通过讲授的方式实施，所以思想政治课程教师不仅要有丰富的知

识，而且需要具有很好的教学能力。如何能把思想政治教育这些相对枯燥的知识转化为丰富有趣的课程知识，让学生能够更快地吸收和学习到其中的精髓，这就是一个思想政治课程教师的教学能力。思想政治课程教师应该充分地了解受教育者的主要心理，依据一定的教育规律因材施教，这样才能更有效地展开工作，取得成效。

在高校思想政治课程教师的教学能力中，能够实现理论联系实际的能力更为重要，教师必须将现在国内外的形势进行分析，提出问题，让更多的同学参与讨论，发表自己的观点，从而增强思想政治理论的说服性，让更多的学生愿意接受。

2. 加强思想政治课程外部动力支撑建设

（1）推进思想政治课程教师的人事制度改革

对思想政治课程教师的判断标准不应该照搬其他社会学科的评聘标准，而应该加大教学的权重。思想政治课程教师的人事制度改革除评聘标准要改变外，还要改变就职后的资格认定。对于若干次培训后不合格并若干次补考不合格的人，应该淘汰或转岗，不能让其再从事思想政治课程的教学工作。

（2）加强思想政治课程教师职前与职后的培训工作

在入职开始教学之前，高校必须对思想政治课程教师进行系统培训，主要包括知识的培训和教学能力的培训。知识的培训主要包括马克思主义理论学科的知识培训，对以后所从事的教学科目中知识的深入研究。教学能力的培训主要包括讲授技巧、课程把控、实践能力等。在入职之后，还需要对思想政治课程教师进行一体化的训练，主要包括教学课程的规划、学校的规章制度、教学的考核、教师与学生之间的互动等。

（3）提高思想政治课程教师的待遇和地位

高校思想政治课程教师队伍不稳定的因素之一是思想政治课程教师经济待遇差、地位低、职称评聘困难。因此，要进行思想政治课程教师队伍的建设，提高思想政治课程教师队伍的稳定性，就必须提高思想政治课程教师的待遇和地位，并在评聘职称时给予一定的政策倾斜。

学校要提高对思想政治课程的重视程度；发挥整体优势，整合相关课程；培养和扶持思想政治理论学科的学术带头人；打破常规做法，做好学科建设工作，让思想政治课程教师感受到美好的发展前景。

（四）高校思想政治课程教师队伍的建设模式

对高校思想政治课程教师的培养，分为对高校思想政治课程教师的补充成员的培养和对在职高校思想政治课程教师的培养。培养模式可以分为两种：师范教育模式和校本

学习模式。

1. 师范教育模式

师范教育模式是师范院校针对"准教师"进行职业教育的一种基本模式。它先后产生了经验模仿型、一元封闭型、多元开放型三种类型。经验模仿型是由教师模仿后天的实践经验而进行教学，教师没有所谓的资格规定。一元封闭型是由独立的师范教育体系培养教师的一种模式。多元开放型比一元封闭型更加灵活、开放、综合，它由原先的两级分离（职前、职后）走向三环合一（职前培养、入职辅导、职后提高）。

采用师范教育模式，培养高校思想政治课程教师的具体做法为：提倡改革高等师范思想道德教育的培养定位，由单一面向普通教育转变为同时面向职业教育；设立资格认证，确定高校思想政治课程教师队伍成员的入职标准；推行在职继续教育，提高高校思想政治课程师资队伍成员的专业化水平。

2. 校本学习模式

校本学习模式是教师以学习者的身份，根据自身学习、工作的特点、需要、目的及学习的内容、条件、性质等在学校进行学习，提高自身能力，促进教师专业可持续发展的一种模式。它是"以学校为定向"的在职培训模式，主要用于解决教育理论与实践分离的问题。

校本学习模式从高校校情、职业特点和思想政治课程教师的自身需求出发，发现问题、解决问题，有利于思想政治课程教师队伍的发展和提高。

采用校本学习模式，培养高校思想政治课程教师的具体做法为：建立思想道德教育专业的学习共同体，沟通、分享各种学习资源；开展电子化学习，使教师及时更新旧知识，获取新知识，增加知识量；举办教学观摩活动，提高教师的业务能力；开展数字化教研活动，研究和解决教学活动中存在的实际问题。

二、加强高校辅导员队伍建设

（一）辅导员队伍建设的意义

1. 辅导员队伍建设有助于大学生较快地融入社会

一般来说，大学生了解社会的渠道主要是网络、媒体、周围人群和自身切身体验。这些渠道在不同程度上都有一些弊端。网络和媒体虽然携载了大量的信息，有助于大学生全面了解社会。但是，不可否认网络和媒体的信息并非专门针对大学生的，其信息不成体系，过于复杂，而且存在大量的虚假信息。在网络上，经常可以看到的是一些虚假信息、涉黄信息，这些都对大学生的健康成长危害极大。在媒体上，由于记者编辑针对

的群体主要是社会大众，为了提高新闻的搜索率或收视率，他们采用的传媒手段往往忽视了一些最为基本的信息，使得受众了解得不够全面，容易造成偏听偏信的情况，对于大学生来说也是十分不利的。而周围人群和大学生的切身体验，虽然能够给大学生带来最为直接的影响，但是首先从量上讲这样的影响毕竟太小，其次同样会有媒体和网络的误区。

而辅导员队伍建设则能够有效弥补以上种种渠道的缺陷，给大学生一个全面的、宏观的社会图景。

首先，辅导员群体通常有一些社会经历，能够正确分辨一些社会现象，给大学生呈现一些经过筛选的重要信息。其次，辅导员也是刚刚从大学时代走过来的，他们了解大学生的心理困扰，知道大学生需要什么，通过有目的的筛选，能够为大学生铺就一条完美毕业的道路。再次，辅导员能够代表学校同社会精英联系，把社会精英的奋斗经历最真实地展现在大学生面前，对大学生进行励志教育。最后，愿意成为或者能够成为辅导员往往都是关爱大学生的，他们怀着一份对大学教育事业的虔敬之心，为大学生的健康发展贡献自己的一份力量。

2. 辅导员队伍建设是实现高校健康发展的重要组织力量

高校改革发展必须有一个稳定发展的环境。近年来随着高校扩招，我国高等教育事业迈入大众化发展阶段。在高校的开放性教育过程中，辅导员起着一个重要的作用。一方面辅导员能够把大学生归拢到一起，以一个集体的身份面对整个社会，使大学生能够从多个角度观察社会；另一方面辅导员把社会上的信息有序地引入学校中，这个顺序是大学生对社会的认知顺序，从而使大学生平静地正视社会现象。

高校通过建设辅导员队伍，对整个学校建设工作具有一定的支撑作用。第一，辅导员是高校建设的一项重要人力资源，对高校的稳定发展起到有益作用。第二，辅导员是引导大学生发展，形成优秀校园文化的一支重要力量。高校辅导员是校园文化的积极建设者，通过他们的工作，能够积极鼓励来自学生群体中的优秀文化健康成长，推动校园文化的发展。

（二）辅导员队伍建设的主要内容

1. 辅导员的工作职责

（1）价值观引导

辅导员要深入领会党和国家的各项方针政策特别是高教改革的政策精神，要在把握大学生身心发展特点的基础上，对学生开展思想道德教育工作，落实学生政治学习和心理辅导工作，帮助学生树立正确的世界观、人生观和价值观，确定马克思主义的

坚定信念。

（2）理论武装

辅导员要用马克思列宁主义、毛泽东思想、邓小平理论、"三个代表"重要思想、科学发展观、习近平新时代中国特色社会主义思想理论体系营造强势的思想道德教育氛围，用先进的、正面的理论武装大学生的头脑。

（3）塑造大学生健全人格

辅导员要深入到学生中去，要关心学生的学习和生活，帮助学生解决成长中的烦恼，对学生中的突出问题及时汇报，参与处理有关突发事件，维护好校园安全和稳定。

（4）推进党团建设

辅导员要积极推进党建、团建及班级建设。辅导员要充分利用网络空间，进行党员教育、团员教育，建立班级主页，为学生营造一个良好的交流和沟通平台。

（5）倡导实践教育

辅导员要认真组织实施或配合有关部门、有关学科教师做好大学生社会实践工作，包括参加军事训练、社会调查、生产劳动、志愿服务、公益活动、科技发明和勤工助学等实践活动，使大学生在社会实践活动中受教育、长才干、作贡献，增强社会责任感；同时，积极开展就业指导和服务工作，为学生提供高效优质的就业指导和信息服务，帮助学生树立正确的就业观念。

（6）舆论引导

辅导员要积极进行舆论引导。辅导员要经常关注网上舆情并进行全面、深入的分析，把握学生的思想动态，积极参与到学生关注的、对学生影响较大的话题讨论中去，以一个平等的身份合理引导网上舆论，将讨论的方向引入正确轨道中。

2. 健全辅导员工作制度

（1）师生常规联系制度

听取学生意见，获得学生的积极反馈，是发挥辅导员的积极作用，做好大学生思想道德教育的一个重要侧面。辅导员是经常与学生联系的教师，要保证熟知大学生的情况，因此辅导员与大学生紧密联系，及时做好同大学生的沟通工作，把大学生的思想问题、生活问题解决在平时，将十分有利于大学生健康成长。学校管理部门要给这项工作以高度重视，要求辅导员定期同大学生联系，保证大学生能够及时从辅导员那里获得综合的心理和思想支持。

（2）主题班会制度

主题班会是有效发挥辅导员积极作用的师生联系形式，可以对学生进行思想道德教育和发展指导，对提高班级校园文化的熏陶作用和促进学生健康成长具有重大作用。定期举办主题班会，集中开展某一类型的学生思想道德教育，认真听取和解决学生问题。讲座要经常化、定期化，不断充实内容创新形式，切实解决学生工作中的问题。

班会要精心设计，制订方案，做好材料积累工作。要积极创造自由宽松的交流环境，综合利用专题讨论、主题演讲、互动交流等形式。

（3）与学生谈心谈话制度

与学生谈心是辅导员工作的基本形式之一。通过这种形式，辅导员可以准确地掌握学生的学习、生活情况，及时发现问题、解决问题。在谈话过程中，辅导员要了解大学生所思和所想，重点关注大学生的思想和心理发展问题，定期与大学生群体进行沟通，对他们进行励志教育，鼓励他们增强大学生思想道德教育的正能量。

辅导员在与学生谈话时，要掌握谈话时机，坚持多种类型与解决实际问题相结合的原则。谈话要有目的，贴近大学生思想实际，符合大学生的心理特征，具体问题具体分析。辅导员要尊重大学生，耐心、真诚、平等地对待大学生，营造宽松氛围。

（4）研究和培训制度

研究和培训制度是针对辅导员自身的，目的在于提高辅导员自身素质。在目前的工作中，可以看到，辅导员素质参差不齐，一些辅导员并不适合做教育工作。针对这种情况，学校管理部门要定期举办辅导员工作培训班，向辅导员传授需要掌握的课堂讲授方法。与此同时，针对高校思想道德教育工作的特殊性，学校还要定期组织广大辅导员进行党政理论学习，讲授党的最新的方针、政策、理论，确保辅导员能够始终同党站在一起。

第九章

新时代大学生思想政治课程教学的长效机制探索

作为接受高等教育的普遍群体，大学生无论是在道德培养上还是在知识学习上都是国家的人才和精英，其素质高低直接影响着国家的未来发展。所以，强化大学生的思想政治教育，培养他们的思想政治素养，是各大高校必须重视的问题。但随着国际形势的不断变化及高校教育的不断改革，大学生的思想意识开始出现多样化、差异化的趋势，同时高校思想教育工作也出现许多新的问题。面对新的发展形势和新的问题，高校思想政治教育机制要不断进行创新和发展，以有效提高大学生的思想政治素质。

第一节　建立大学生思想政治课程教学的示范机制

建立健全大学生思想政治教育的示范机制可以充分发挥大学生党员的示范带头作用。大学生党员是广大青年学生中的优秀分子，充分发挥他们的示范引领作用有利于带动其他学生以他们为榜样，提升自身的思想政治内涵。

一、学生党员榜样的评选标准

在任何领域，榜样都是先进的代表。要想建立健全大学生社会主义核心价值观教育，需要以一定的标准来评选学生党员榜样。这是十分关键的环节。具体来说，学生党员榜样应具有以下几个方面的要求。

（一）思想政治素质过硬

具有牢固的理想信念与坚定的政治立场，具有正确的世界观、人生观与价值观，能用中国特色的社会主义理论来想问题、办事情。具有强烈的社会责任感，能够充分履行党员义务，对党组织安排的任务都能认真完成，在重大活动和关键时刻能起到骨干作用。

（二）专业基础扎实

学习成绩优秀，专业功底扎实，学习态度端正，具有求真务实的钻研精神，能吃苦，肯吃苦，能够通过实践来提升自己的专业素养，专业意识强烈。

（三）实践能力突出

服务意识强，能够积极参加志愿服务与社会实践活动，能够在实践中培养、深化为人民服务的意识与精神。积极参加专业竞赛与科技创新活动，实践能力强、创新精神强，勇敢探索，敢于挑战。

（四）示范作用明显

关心同学，热爱集体，能与同学、老师和谐相处，遵守校规校纪，崇尚进步、健康、文明的生活方式，品格高尚，积极参加各项活动并能发挥模范先锋作用，综合素质高。

二、建立学生党员示范机制的途径

充分发挥学生党员示范引领机制的积极作用，应采取学生易于接受的途径，具体可从以下几个方面入手。

（一）思想品德教育

可开展多种形式的学生党员交流活动，如与优秀校友、校内名师、管理干部或学校领导等进行座谈，使学生从更深层次上理解践行社会主义核心价值观的重要意义与传承中华传统优秀文化的积极作用，提高他们的成长、成才意识，提升他们做事、做人的本领，使他们向身边的榜样学习，从身边的小事做起，使自己成为品学兼优且对社会有用的人才。

（二）传统文化和传统美德教育

中华优秀传统文化博大精深，在道德理念、教化思想、人文精神、哲学思想等方面都具有十分丰富的内涵，应全力推进以"中华优秀传统文化与为人为学之道"为中心的传统美德教育与传统文化教育，使学生党员通过优秀传统文化的浸润来深化对"读书、修身、立德"的理解，并成长为宽容诚实、人格完善、品德高尚的优秀人才。

（三）党史教育

对中国共产党的光辉历程进行回顾，帮助学生党员增强党性、提高觉悟，从情感与理性两个层面使学生党员与党组织的心理距离更加接近，增强他们的爱党爱国热情。具体来说，既可向他们讲述各个历史时期优秀共产党员坚持理想信念、发挥先锋模范作用的故事，也可以观看历史文献纪录片，还可以采取其他一些青年学生易于接受且易于操作的形式。

（四）时事政治教育

向广大青年学生介绍当前国家所面临的国际局势及在社会主义建设过程中的经济、政治等形势，增强青年学生的历史责任感与使命感，使他们在思想、行动两个层面上与时代步伐保持一致，共同前进。向他们展示当前时代下青年人积极向上的正能量，带领他们参观爱国主义教育基地，通过英雄人物的事迹和真实的历史来感化他们的心灵，提升他们践行社会主义核心价值观的自觉性。

第二节　完善大学生思想政治课程教学的管理机制

大学生思想政治教育是一个系统而复杂的工程，离不开科学有效的管理机制。进行高校思想政治教育管理机制的建设，对于调节大学生思想政治教育的各种问题，促进大学生思想政治教育目标的实现都十分有利。因此，建设全面、系统、科学的高校思想政治管理机制是非常重要的。

一、高校思想政治课程教学管理机制的内涵

何为"机制"？《辞海》的解释是，"机制"原指机器的构造和动作原理。张灿耀、陈万柏指出，机制的原意是指机器的构造和工作原理，是指机器运转过程中的各个零部件之间的相互联系、相互制约及其运转方式。[1]于真、严家明指出，机制是指事物在运动中，各相关因素、各组成部分间通过一定的方式进行的联动作用关系等。[2]从上述定义可以看出，"机制"一词已经由最初描述自然科学领域的问题，发展引申为事物的运行原理及功能。现在"机制"一词已广泛运用于政治、经济、文化、教育等社会领域。

所谓"管理"，字面意思指的是管辖和治理，其实质含义是指为了取得预期的效果、达成一定的目标，根据管理工作的性质及规律，有效整合各种资源和实施各种管理职能，进而动态追求效率的过程。

1　张灿耀，陈万柏. 社会主义市场经济条件下思想政治工作领导研究[M]. 武汉：华中师范大学出版社，1999：131.

2　于真，严家明. 湖北"社会机制"研讨会观点综述[J]. 社会学研究，1991，（2）：123-124.

高校思想政治教育管理工作是根据高校思想政治教育的要求，通过计划、组织、控制等，有效利用各种资源，以达到高校思想政治工作预期目标的活动过程。其致力于大学生的思想政治工作，受认知、情感、意识、精神等多种因素的影响，同时也受社会生产力水平、生产关系性质等的制约。因此，高校思想政治教育工作属于社会机制，表现出社会中人与人之间的联结关系。

高校思想政治教育管理机制则是指高校思想政治教育管理者在一定的目标指引下，在遵循思想政治教育客观规律的前提下，协调利用各种管理资源，实现思想政治教育整体目标和整体功能的过程。

二、高校思想政治课程教学管理机制的特征

高校思想政治教育管理机制呈现出显著的特征，具体体现在以下几个方面。

（一）目标性

目标性是现代高校思想政治教育管理机制的主要特点之一，它是指高校思想政治教育管理机制既规定了自身的运行方向和操作指向，也确定了管理活动要达到的结果，是思想政治教育目标的具体化体现。高校思想政治教育管理机制的目标包含两个方面，一是直接目标，二是最终目标。

直接目标要求高校思想政治教育管理机制实现科学化，这集中体现为规范化管理、制度化管理和民主化管理的有机统一。

最终目标要求发挥高校思想政治教育管理机制的社会效用，也就是要求高校思想政治教育管理机制在社会主义制度下能够帮助大学生认清自己在整个社会和教育系统中的主体地位，并调动学生的主体意识，激发学生的潜能，促使学生全面、自由地发展，同时还要保证高校思想文化建设与中国经济建设与改革协调发展，进而促使中国特色社会主义事业的全面发展。

（二）规律性

大学生思想政治教育不以管理者和教育者的主观意志为转移，它有其产生和赖以存在的客观条件，具有客观必然性。同时，大学生思想政治教育内容的安排设置、体系的展开还必须遵循人的思想活动发展规律。因此，对大学生思想政治教育的管理，必须以尊重大学生思想政治教育活动的客观性和发展规律为前提。作为大学生思想政治教育管理诸要素组合方式、作用方式和系统生成方式的机制，是对大学生思想政治教育管理活动的客观反映，必然呈现出许多规律性的内容，使其具有规律性的特点。

（三）整合性

一个系统的好坏与否，最终会体现在其整体能够发挥作用的程度上。思想政治教育管理机制是一个非常复杂的系统工程，由多种要素共同组成。尽管系统中各个要素都发挥着各自不同的作用和功能，但在系统运行中要求它们必须相互协调、共同作用，以适应思想政治教育管理机制整体功能的要求。因此，功能的整合性也是高校思想政治教育机制的重要特点，它要求高校思想政治教育机制明确各构成要素的性质及各要素之间的辩证关系，并对它们进行综合有效的协调，进而使它们始终处于最佳的运行状态，最终实现教育目标。

（四）复杂性

高校思想政治教育管理机制还体现出明显的复杂性。其形成原因源于以下几个方面。首先，高校思想政治教育管理工作的对象是大学生，而大学生思想的多元化和复杂性就决定了高校思想政治管理机制的复杂性。其次，人的思想观念的形成、思想认知的转变都要经历长期而复杂的过程，而且人在克服旧思想、形成新思想时都是在多次反复中运行的，这些都增加了高校思想政治教育管理机制的复杂性和难度。最后，随着经济全球化的不断发展，国际上有些不良的意识形态也在不断渗透和颠覆学生的思想。所有的这些都决定了我国意识形态领域斗争的长期性和复杂性，也决定了高校思想政治教育管理机制的复杂性。

大学生思想政治教育管理机制的复杂性主要表现在以下两个方面：第一，大学生思想政治教育管理机制包括管理主体、管理方式和管理机制运行的目标、环境、程序、动力、保障等诸多要素，每个要素都构成一个复杂的系统；第二，构成大学生思想政治教育管理机制的要素具有多变性，如工作内容、管理机制的创新，动力、保障机制的调整完善等，一成不变的要素无法适应现代管理的需要。此外，大学生思想政治教育管理具有不确定性，没有固定的、一成不变的管理模式。

（五）实践的能动性

实践的能动性也是高校思想政治教育机制的一个显著特点。思想政治教育学是引导指示人们形成正确思想行为的科学，其本身是一个动态的实践过程，具有明显的实践特性，是为实践服务的。所以，高校思想政治教育管理机制也具有实践的能动性，只有在实践过程中，其实效性才能得到彻底的体现。而且，高校思想政治教育管理机制的能动性也充分体现其在思想政治教育管理实践中所具有的自我分析、自我调整、自我创新的主动性和积极性。

三、高校思想政治课程教学管理机制的意义

高校思想政治教育机制在提高大学生思想政治素质、协调管理工作中各方关系等方

面有着重要的意义。

（一）能够提高大学生的思想政治素质

现代化社会主义建设对大学生的思想政治素质提出了新的要求，要求大学生能够适应新的社会发展形势，做到与时俱进，勇于创新，维护公共利益，弘扬民族精神，推动精神文明的有效发展。而高校思想政治教育管理机制为提高学生的思想政治教育素养提供了基本保障，在社会主义先进文化的指导下来实现，使师生之间形成良好的互动关系，进而进一步引导学生积极学习法律知识，积极开展德育工作，指导学生以法律和社会主义道德规范作为自己的行为准则，完善大学生思想政治教育体系。同时，将公民道德规范、爱国主义教育等融入教学，在教学中开展讲文明树新风活动，促使学生养成助人为乐、遵纪守法、主动维护国家利益等的良好习惯和作风。

（二）能够协调管理工作中各方关系

高校思想政治教育管理机制是一个系统化的整体，不仅需要硬件的支持，也需要相关团队的密切配合。高校思想政治教育管理机制在合理运用物质资源的基础上，将高尚的社会主义思想道德情操与良好的日常行为习惯有机结合，在对各方关系进行协调的过程中确立了学校与社会生产力发展相适应的道德观念及道德规范，使得教育工作者在人员、制度等方面得到了全方位发展。

现代社会，随着互联网的迅速发展，网络在高校校园得到极大的普及。网络促进了教师与学生、上级与下级及同事之间的有效沟通，用社会主义思想道德来维系高校健康向上的人际关系，保证在团队高度协作状态下，使大学生思想政治教育为我国改革开放和现代化建设提供强大的精神动力及智力支持。大学生思想政治教育管理机制不仅在系统内部对学校人员及其他教育资源起到很好的协调作用，还在系统外部令学校与社会各界保持着密切的联系，通过加强行业之间的合作实现信息资源共享，加强院校之间的座谈交流提高教师综合素养，并且积极与企事业单位合作向学生提供社会实践机会。将网络的虚拟环境与现实世界有机融合，减少人员之间及人员与资源之间的矛盾，保证大学生思想政治教育计划顺利执行。

四、高校思想政治课程教学管理机制的建设与优化

高校思想政治教育者对于管理机制的建设与优化，可从强化组织领导机制建设、加强激励机制建设和重视互动机制建设几个方面入手。

（一）强化组织领导机制建设

高校思想政治教育管理机制的建设与优化首先要从领导机制建设开始。

1. 正确把握政治导向

正确的政治导向是大学生未来成长和发展的基础与保障，所以高校领导把握正确的政治导向，以理想信念教育为核心，帮助大学生树立正确的世界观、人生观和价值观。

作为政治组织，高校党组织应充分发挥政治教育作用，抓好理想信念教育。高校在开展理想信念教育方面有着明显的优势，高校不仅有组织健全的各级党组织，也有系统的马克思主义理论教育，还有理论修养深厚、知识渊博的专家教授，这些都为大学生的理想信念教育创造了很好的条件。据此，高校党组织积极组织大学生党员和想要入党的学生学习党的基本理论和纲领等，树立学生正确的思想信念。

2. 健全高校行政组织管理

高校思想政治教育管理机制的建设与优化还要从健全院校行政职责管理开始。高校行政组织管理不仅要负起高等学校各职能部门的日常行政工作，同时也要在高校党组织的领导下，对高校思想政治教育工作行使管理职能，重视大学生的思想政治管理工作。

高校行政组织应充分发挥行政部门的管理和教育双重职能，通过统筹化的安排与协调，对大学生的思想政治教育进行科学化的管理，充分利用高校教育部门的教育作用，调动各方面的力量，建设高校大学生思想政治教育体系，以便更好地对大学生进行思想政治教育。要求各个部门不仅要加强本部门的基本工作，也要担负起思想政治工作任务，进而改进对大学生教育、服务和管理工作，使业务工作与思想政治工作有效结合，教育工作与管理工作有效结合，充分发挥教师教书育人、管理育人的作用。

高校行政组织可围绕培养目标为学生制订思想政治教育计划，明确高校各级组织思想政治教育的职责和学生在校期间不同阶段思想政治教育的要求。高校行政组织应将思想政治教育与专业课教学、社会生产实践、品德修养教育、美育等相融合，从教育的各个方面来促使学生树立科学的人生观和世界观，使学生成为有道德、有文化、有理想的社会主义新人。

高校行政组织可行使所拥有的特殊行政权力，帮助学生解决一些实际难题，消除学生由实际问题所产生的一些思想问题，将思想政治工作与解决问题结合起来。此外，高校的所有部门都要关注学生的健康成长，要深入了解学生的情况，帮助学生及时解决困难问题，改进工作。

（二）加强激励机制建设

激励是管理学中的一个重要概念，是指激发人的动机，使人形成一股强大的精神动力和内在能量，鼓励人朝着所期望目标实施行动的心理过程。

1. 激励机制的作用

激励机制可以从内容对组织或个人发挥作用，所以加强激励机制可更好地促使高校思想政治教育管理工作的开展。

（1）激励机制能够挖掘学生的潜力，激发学生的创造力。具有内在需求，人才会产生行为动机。实际上，人们都是在"需求—动机—激励—行为"这个行为过程中周而复始运行的。

激励有自我激励和外因激励两种。当人们的内心渴望得到某方面的满足时，人们就会实施行动来实现这种满足，同时会激发自身的各种潜能来克服在实现过程中的各种困难。因此，高校思想政治教育工作者要了解和把握学生内心的需求，并通过一定的方式将思想政治教育的手段、措施与学生的需求相结合，进而使高校思想政治教育管理机制取得最佳的效果。

（2）激励机制有利于激发学生的学习动力，促使学生形成良好的学风。作为一种教育机制，激励机制时刻提醒着学生要正视自己的需求，并为此不断付出努力，从而鞭策学生不断学习和提高。

（3）激励机制能够强化高校思想政治教育管理的效果。激励是理论教育发展的养分，如果没有激励机制，那么理论教育职能就停留在意识的层面，无法有效转化为实际行动和最终结果。高校思想政治教育既要从正面肯定学生行为的正确性，同时也应根据相应的管理机制对学生的行为表现给予精神上和物质上的奖励，从而使学生的思想理论向实践成果转化。

2. 实施激励机制的原则

在实施激励机制时应遵循以下几项原则。

（1）差别原则

这一原则指的是在实施激励机制时要考虑到学生的个体差异，如性别差异、年龄差异、文化差异等对个体行为和激励措施满意度的影响。有些客观因素是与生俱来的，个人无法改变和作用，因此就需要采取一定的激励措施，以使激励机制顺畅地进行。本质上而言，这里的差别体现的是一种社会公平，更是一种对人性的尊重，因此在实施激励机制时应正视学生的个体差异，并采取不同的激励措施，以使激励机制更加有效。

（2）同步原则

这一原则指的是将物质激励与精神激励结合起来，让两者同步进行，以最大限度地保障激励机制的效果。其中，物质激励就是以物质为基础，激发人的内在需求，促使人

采取行动，如学校设立的奖学金、见义勇为奖等。精神奖励指的是从思想上对人们进行改造，使人们形成一种内在的行为认知和对这种行为的认可。通过精神激励可使人产生强大的内在动力，保证人们的改造行为持续进行，而且不受外部要素的刺激。单独采取物质激励或精神激励是难以保证激励效果的，需要将两者结合起来，才能确保激励效果最大化和长久化。

（3）适度原则

我们都知道，做任何事情都要把握合理的"度"，这是源于生活的基本认识规律。从激励的效果上来看，心理需求与激励手段相隔的时间越短，激励的效果就会越好，反之，如果二者相隔的时间越长激励作用，也就越小。由此可以看出，激励机制的实施要把握一个合理的"度"，不仅要保证时间的合理性，同时也要保证激励手段的合理性。

（三）重视互动机制建设

在传统的教育理念中，教师往往是教学活动的主体，占据着教学的中心地位，而学生是教育活动的客体，处于被动学习的地位。在部分高校的思想政治教育中，这种现象依然存在。而这种现象与当代高校思想政治教育所提倡的以人为本、以学生为本的教育理念刚好相悖，这种将学生作为被灌输对象的教学方法无益于社会主义核心价值观实效性的实现。在新的教育形式下，仅依靠教师的主观教学是不够的，还要提高教学效率，借鉴"双向主体理论"与互动式教学模式。互动式教学模式，不仅注重教师的引导作用，同时关注学生的主体性，提倡充分发挥学生的主观能动性，营造活跃的课堂氛围，在教学中实行互动机制。

第一，实行互动机制要建立良好的学习环境，使学生在愉悦、轻松、和谐的环境中接受思想政治教育。要坚持以人为本的理念，使学生和教育处于平等地位，在平等和谐的氛围中实现教育。在整个教学过程中，教师和学生都要积极主动，教师要积极了解学生，从而引导和启发学生，学生也要积极从教师那里汲取知识。

第二，实行互动机制要充分发挥教师的主导作用和学生的主体作用。在高校思想政治教育中，教师是教育信息的编码者、发送者，在互动机制中具有主导作用，是互动机制的源泉；学生是教育信息的解码者、接受者，也是教育效果的最终体现者，在互动机制中具有主体地位，是互动机制的核心和基础。只有同时发挥教师的主导作用和学生的主体作用，高校思想政治教育才能有效、健康地开展。

第三，在互动机制中，教师与学生要相互尊重，实现欣赏式的教育。在教学过程中，教师与学生在政治上、法律上、人格上都是平等的，要做到互尊互重。

第四，在互动机制中，教师与学生之间常会达成一些共识，将这些共识运用于实践，可使学生在实践中体会这些共识，实现体验式教育。

第五，在互动式教育中，互动并不是单向的，而是多向的。多向互动包括教育者之间、教育者与学生之间的关系，也包括教育者、学生与教育环境三者之间的关系，还包括教育内容、教育手段及教育方法之间的多向互动关系。在所有的构成因素中，学生始终是最重要的因素，将学生放在首要位置，重视学生的主体作用。要深入了解和挖掘学生，有效调动学生的主观能动性，使学生真正实现自我约束和自我教育。同时，要探究教育者与学生互动的结合点，以使师生互动更加有效。

第三节　提升大学生思想政治课程教学的评价机制

建立科学有效的思想政治教育评价机制能够对思想道德教育的成效进行准确的描述与评价，为高校改进思想政治教育的策略与方式提供科学的依据。大学生思想政治教育评价是一项严密的科学论证工作，必须严格遵守评价原则，只有采用科学的评价方式才能达到预期的效果。

一、高校思想政治课程教学评价的内涵

思想政治教育评价就是以社会对思想政治教育的要求为依据，确立指标体系，运用先进的评价方法，对思想政治教育的实际效果进行价值判断的过程。

高校思想政治教育评价则是高校教育主管部门以学生思想政治教育目标、要求为依据，确立指标体系，运用各种先进的方法，对学校思想政治教育保障机制、实施过程、实施效果进行价值判断的过程。高校思想政治教育评价机制是学校考核教育者、工作者绩效、制订教育决策的重要依据。

对思想政治教育实现预期目标的程度进行评价是高校思想政治教育评价的主要内容。高校思想政治教育评价的根本目标在于培养和提高大学生的思想政治素质，所以高校思想政治教育的所有活动都要围绕这一根本目标进行，最终实现这一目标。如果开展的思想政治教育工作使得学生的思想素质、政治素质、理论素质及道德素质得到了提升，说明高校思想政治教育工作取得了实际效果。否则，就说明高校思想政治教育工作效果不好，没有实现教育的最终目标。因此，高校思想政治教育评价必须以思想政治教育目标为依据，围绕大学生的思想政治素质的表现，建构合理的指标体系，对大学生的思想政治素质变化情况进行客观的反映，对思想政治教育的实际效果进行评价。

高校思想政治教育评价还包括对思想政治教育的保障机制、实施过程的评价。只有建立健全的领导机制、管理机制，保证一定的人员配备、物质投入，组织、落实好每次教育活动，高校思想政治教育才能达到预期的目标。所以，对高校思想政治教育的保障机制、实施过程的评价，体现了评价的调控功能。

二、高校思想政治课程教学评价的作用

高校思想政治教育评价的作用集中体现为导向作用、比较作用、调控作用和考核评比作用。

（一）导向作用

高校思想政治教育评价的导向作用主要体现在两个方面。一是高校思想政治教育评价是对其教育的社会价值的实现进行价值判断的过程，因此高校思想政治教育评价对思想政治教育是否适应了社会需要、是否朝着社会发展方向进行等问题起到了引导作用。二是任何评价都会对学生的观念和行为产生影响，并促使学生的观念和行为发生变化，高校思想政治教育评价对学生的观念、行为等进行有目的、有计划地引导，促使学生的观念和行为能够遵循社会发展的要求，以实现其正确思想观念的内化和行为表现的外化过程。

（二）比较作用

高校思想政治教育评价的比较作用主要体现为在某一段时间内对思想政治教育工作的质与量进行分析、比较，从而帮助评价主体了解评价对象的优劣及存在的问题等。具体来讲，教师可以根据思想政治素质的不同层次，来考察思想政治教育是否达到了教育目标的要求，同时了解哪些方面做得比较好，哪些方面存在不足等。此外，通过思想政治教育评价，教师还可以评选出思想政治素质水平高的学生作为榜样。

（三）调控作用

调控作用是高校思想政治教育评价的重要功能。在高校思想政治教育工作中，对于教学是否达到预期的效果，提出的目标是否具有可行性，当实现了现阶段的目标后是否还有向更高目标发展的空间等问题，都可以通过评价来了解和掌控。了解了这些信息，可以帮助教育工作者对原定目标的实现程度有一个清楚的认识。根据思想政治教育的当前状况和实际问题，对原定目标进行调控，进而使得高校思想政治教育目标更加切合实际，工作开展得更加顺利。

（四）考核评比作用

高校思想政治教育评价的结果可以作为高校行政管理部门对高校或者下属院校进行考核评比的基本依据。在条件基本相同的情况下，那些严格按要求行事，重视思想政治教育，切实开展各项思想政治教育活动的部门，往往能取得好的效果。根据评价的结果，高校可以对思想政治教育工作开展得好的部门和单位给予荣誉和物质上的奖励；对思想政治教育未达到要求的部门和单位，给予某种形式的惩罚。由此可见，通过评价对高校各教育部门起到促进作用，这对思想政治教育目标的实现大有裨益。

三、高校思想政治课程教学评价的方法

高校思想政治教育评价必须通过一定的方法来实施，因为没有科学的方法，思想政治教育评价的任务也就无法完成。高校思想政治教育评价的方法主要包含以下几种。

（一）调查评价法

所谓调查评价法，就是通过问卷调查、访问量比较等方法对高校思想政治教育进行评价的方法。调查评价法从对评价对象进行调查研究着手，体现出明显的调查特色。这一评价方法具体包含以下两种形式。

1. 调查法

作为调查评价的一种重要方式，调查法主要通过向被调查者发放问卷，直接对被调查者的思想政治水平的高低、思想观点的正误等进行测试，并以评价的结果作为高校思想政治教育如何开展的依据。抽样调查是调查法最常采用的一种方法，适用于较大范围的评价对象。

2. 实地考察法

相较于调查法，实地考察法是一种更为直观的评价法，其比较注重感受性。评价者往往要直接深入高校思想政治教育的第一线，对教育的过程、环节和效果进行实际考察和调研，详细了解教育主体的思想和工作、教育客体的学习和生活情况，进而获得对评价对象的直观感性认识。查阅资料、听取汇报、访问座谈是实地考察最常采用的方法，可从看、听、问等多个方面直观了解评价对象，进而获得详细、真实的材料。

（1）查阅资料

查阅资料的方法是思想政治教育评价的常用方法。它是指评价组通过查阅被评价单位的相关资料，掌握其开展思想政治教育的制度是否完善，人力、财力投入的多少，活动的规划情况及教育效果等，从而对被评价单位开展思想政治教育情况做出价值判断。

（2）听取汇报

听取汇报是指由实施高校思想政治教育评价的部门组建的评价组，通过听取被评价单位领导作关于开展高校思想政治教育工作的汇报，对被评价单位开展高校思想政治教育的效果进行评价。通过这种方法能够较为直观、全面地了解被评价单位对思想政治教育的重视程度、认识高度等，能够反映出被评价单位开展思想政治教育工作的特色、全貌及存在的问题，进而对其进行有效的评价。

（3）访问座谈

访问座谈是指召开座谈会、访谈的方法。召开座谈会、访谈的方法也是思想政治教育评价必不可少的方法。它是指评价组通过召开思想政治教育工作人员座谈会掌握思想政治教育工作人员的素质和能力，了解思想政治建设的情况，从而对被评价单位开展思想政治教育情况进行评价。

（二）分析与综合法

掌握科学的思维方法是对高校思想政治教育评价进行科学判断的依据。所谓科学的思维方法，即辩证思维的方法，其中归纳与演绎、分析与综合发挥着重要的作用。归纳是指从个别事物出发而得出一般的结论；演绎是指从一般的原理出发而得出个别的结论。分析和综合在归纳和演绎中起着重要作用。分析是指在事物或现象的整体中分解出事物的基础和本质；综合是指将分解的各个部分、本质等加以综合形成一个整体。

只有对大学生思想政治教育的整体进行全面的辩证的分析，才能做出科学的评价。也就是说，把大学生思想政治教育的整体分解成各个部分，既要分析评价大学生思想政治教育的目的、动机、目标设定、内容选择、实施方法，又要分析评价大学生思想政治教育的效果、社会作用，教育对象的素质、思想道德状况、水平；既要分析大学生思想政治教育取得的成绩、经验、有效性方面，又要分析大学生思想政治教育出现的缺点、教训、无效性方面；既要分析评价大学生思想政治教育的本质方面、主要方面，又要分析它的非本质方面和次要方面；既要从静态中分析评价大学生思想政治教育，又要从动态的变化、发展中分析评价大学生思想政治教育等。在分析的基础上，再进行综合，即进行整体性的整合，形成对大学生思想政治教育效果、社会作用等更高层次的整体性的认识。

（三）比较法

比较法是指对具有某种联系的不同事物或同一事物的不同方面进行对比，以分析和了解它们之间的共性和区别，进而得出科学的结论。这种方法常用于自然科学和社会科学中，现在也成了对高校思想政治教育进行评价的一种重要方法。

就比较的方向而言，比较法有纵向比较与横向比较之分。其中，纵向比较就是针对同一事物的不同阶段进行比较，是一种动态比较。纵向比较常用于高校思想政治教育评价中，将高校思想政治教育作为一个整体过程，对教育所取得的效果、发生的变化，与开展教育之前的状况进行比较，就可以对高校思想政治教育的效果做出评价。相较于纵向比较，横向比较更为复杂，在进行这种比较时，要注意单位的选择要有可比性，否则比较就无法进行。纵向与横向比较之后，再进行分析与综合，就可以对高校思想政治教育的效果做出评价。

就比较的范围而言，比较法有宏观比较与微观比较之分。宏观比较是指站在高校思想政治教育的全局高度进行比较，微观比较是指从高校思想政治角度与局部进行比较。

（四）矛盾分析的方法

从唯物辩证法来看，世界上任何事物都是矛盾的统一体。大学生思想政治教育的评价也是矛盾的统一体。分析事物的矛盾，就在于具体地分析情况，对大学生思想政治教育的评价也应该如此。真实地反映大学生思想政治教育的实际情况，必须坚持具体地分析情况，而不能用教条方式来分析。

（五）定性分析法

从唯物辩证的观点来看，任何事物都是质与量的统一。质是事物的内在性质，是区别于其他事物的内在规定性；量是事物的数量规定性。对此，在对高校思想政治教育进行评价时，就可以采用定性分析法来确定高校思想政治教育的质。这里的定性分析，是指要判明高校思想政治教育主体所确定的目标，通过判断对教育对象施加教育影响以后的思想观点在性质上、方向上是否同工作者的目标相一致，来评价高校思想政治教育工作。定性分析法是高校思想政治教育评价的重要方法，通过这一方法可以明确高校思想政治教育性质规定性，具体可通过好与坏、先进与落后等来表述。但这种方法的缺点是缺少数据支持，对高校思想政治教育评价不够深刻，难以反映高校思想政治教育评价的质量，因此需要定量分析来进行补充。

（六）定量分析法

定量分析法是对大学生思想政治教育评价的深化和精确化。因为只评价一种大学生思想政治教育的先进落后、有无价值是不够的，还必须弄清它好到什么程度，有价值到什么程度，这就需要进行定量分析。大学生思想政治教育的定量分析，正是从数量方面对它的成效、作用大小予以测评的。这种测评，可以用等级的数量概念来测量。如可以用优、良、中、差，很落后、落后、先进、很先进，负价值、零价值、有价值、很有价值，负效果、零效果、有效果、很有效果等反映数量程度的概念来表达。

在实际的高校思想政治教育评价中，应将定性分析与定量分析结合起来，这样才能使高校思想政治教育的评价更加客观和科学。

（七）实践检验法

实践检验法是一种以总结经验和调查研究为主的方法。具体来说，有如下几个步骤。

第一，听取工作汇报。在评价的过程中，评价人员首先要听取被评价人员或单位的报告，向被评价人员或单位提出各种问题，评价对象应该根据实事求是的原则进行回答，也可以采取书面报告的方式进行汇报。

第二，实际考察。实际考察是实践检验法的重要环节和基础。评价者在评价的过程中应该深入到受教育者和基层工作中，详细了解他们的思想、工作、生活状况；观察人们的思想品德和精神面貌，听取他们的意见，并且对他们进行必要的提问和考察。

第三，抽样调查。选择思想教育的某个环节或者某个部门进行详细的调查和剖析，尽可能取得必要的准确的数据。

第四，追踪调查。就是对流动的教育对象进行跟踪式的调查。调查教育对象在不同的大学生思想政治教育环境中的思想状况。

四、高校思想政治课程教学评价的模式

评价模式既反映着思想政治教育的形态特征，也反作用于特定形态的思想政治教育，还给评价提供便于操作的样式。我们认为，思想政治教育的评价模式主要有质与量相结合的评价模式、自评与他评相结合的评价模式两种。

（一）质与量相结合的评价模式

所谓质与量相结合的评价模式即将定性评价与定量评价相结合的模式。也就是，在思想政治教育评价中，既要对评价对象进行"整体和性质的分析综合，以鉴别和判定思想政治教育实践效果性质"，也要对评价对象"运用数据的形式，通过对评价对象表现出来的一些数量的关系的整理分析，从数量上相对精准地把握思想政治教育实践效果状况"的评价模式。

1. 质与量相结合评价模式的优势

思想政治教育评价主张采用质与量相结合模式的主要理由有以下几点。

（1）事物都是质与量的统一

唯物辩证法认为，事物都包含一定的质，也都有一定的量，是质与量的统一。因此，思想政治教育评价，就既看其质，也看其量，这样才符合事物的发展规律，才能使评价客观、准确、和谐。

（2）量的评价要以质为前提

"数学、统计学和计算机科学的发展，为思想政治教育量化评价奠定了基础"，量化评价在现实中逐渐被采用。

（3）质与量结合的评价更加准确

质是不同事物相互区别的规定性；量是保持事物性质的规定性。质的评价以便区分优劣，认识其性质；量的评价以便区分优劣的程度，对同性质的对象做出精确的鉴别。

可见，质与量结合的评价才准确，才和谐。

2. 质与量相结合评价模式的基本要求

思想政治教育运用好质与量相结合评价模式的基本要求有以下几个方面。

（1）质的判断必须以量为基础

在质与量相结合的评价模式中，初级的质的判断，可能没有充分的量的支撑，但是，这时质的判断，也是以通过"看、听、问"获取的一定的量为基础的，否则，质的判断就是无据的。在获取了足够的量以后进行质与量相结合的评价时，质的判断不论对一定质的程度的判断抑或不同质的判断，都必须以量为基础，否则，对质的判断就难以客观、准确，就难以服人，因此，就没有评价预期的好结果。

（2）量的分析要充分

在质与量相结合的评价模式中，量也是重要的：它规定着质——或者精确质，或者确定质。所以，进行量的分析时，要脚踏实地，认认真真，要了解足够的量、真实的量，对量的分析、研究要充分、要精细，防止形式主义、走马观花。

（3）质的判断要谨慎

起初的质的判断对整个评价起着基础的、导向的作用；最后质的判断是对评价对象的质的判定。不论前者还是后者在评价中都是至关重要的，因此，在进行质的判断时要谨慎，尽力使判断客观、准确。否则，不仅评价失真，对评价对象还可能造成很大的不利。如若这样，评价就是消极的了。

（4）量的分析要以质为前提和指导

在质与量相结合的评价模式中，虽然量的分析是重要的和必要的，但是，对于量的分析必须以质为前提和指导，即必须看清是什么质上的量。否则，"离开定性评价的定量评价，毫无现实意义"。

3. 质与量相结合评价模式的程序

一般来说，质与量相结合评价模式的操作程序如下。

（1）看、听、问——形成初步印象——有了初级的质

对思想政治教育对象的评价，不论是对个体的评价抑或群体的评价，一般来说，评价者首先通过看、听、问等活动：看评价对象的面貌、状态；听评价对象的汇报；问评价对象的教育安排、效果等。通过这样的看、听、问，评价者对评价对象会形成初步的印象——好、或者比较好、或者不够好、或者比较差、或者很差，以及类似程度的初级

质的判断。

（2）查、调、访——深入了解分析——获取足够的量

在有了初级的质的判断后，评价工作进入了重要的阶段——深入了解分析阶段。一般来说，深入了解分析主要是通过查阅资料、调查、访问的方式进行的。查阅资料即查阅评价对象提供的反映本次评价情况的文本资料；调查即对文本材料"看、听、问"阶段了解的情况等加以查证、核实；访问即深入受教育者之中，了解、掌握更具体的情况。通过这样的查、调、访，获取足够的量。

（3）依据量研究质——质与量相结合

在有了初级的质，获取了足够的量以后，依据量分析、研究质：起初的质的判断是否妥当；对质做出更为精确的判断。依据量研究的质，即质与量的结合，才是更客观、真实的评价。

（二）自评与他评相结合的评价模式

自评与他评相结合的评价模式，即将被评价对象自己的评价与其他评价主体的评价结合起来进行的评价模式。具体说就是，被评价的教育者或受教育者对自己进行评价，另外的其他评价主体——或者教育者，或者领导，或者专家，或者相关人员对评价对象进行评价，并将两个方面抑或多个方面的评价相结合，得出最终判断的评价模式。在现实评价中，较多的是评价受教育者，因为受教育者的情况，特别是受教育者的表现，是思想政治教育效果的直接呈现，即便是对教育者的评价，也主要通过评价受教育者的情况来进行。

1. 自评与他评相结合评价模式的优势

思想政治教育之所以倡导自评与他评相结合的评价模式，主要有以下几方面的理由。

（1）自评与他评相结合的评价有利于激发、调动被评价对象的积极性

正因为被评价对象最清楚思想政治教育的情况，而既往的思想政治教育评价没有或者很少让被评价对象参加，致使评价难以准确并且难以为被评价对象积极接受。所以，运用自评与他评相结合的评价模式，让被评价对象参与到评价过程中去，有利于激发、调动被评价对象的积极性，使他们易于接受评价结果，更可使他们积极地投入到持续的思想政治教育过程中去。

（2）自评与他评相结合评价才客观、准确

评价是为了掌握思想政治教育的情况和促进教育活动深入地开展。谁最清楚思想政治教育的情况？被评价对象。被评价对象是思想政治教育的主体、亲历者，他或他们对

教育的过程及其效果心知肚明。所以，被评价对象要自评。

（3）自评与他评相结合是对既往思想教育评价的改革和创新

上面已经谈到，应该让被评价对象参与评价。我们倡导以人为本，人们的自主意识、民主意识、参与意识普遍增强，仅有他评，把被评价对象看作机械的客体，这样的评价是很难让被评价对象接受的。所以，思想政治教育提出自评与他评相结合的评价模式，以改革既往的、不合理的评价模式。

（4）自评与他评相结合的评价才会和谐

虽然被评价对象最清楚思想政治教育的情况，但是，较长时期以来，在现实的评价中，被评价对象难以参与评价，盛行的仅有他评。这往往导致评价仅关注了那些显性的东西，甚至形式，对教育过程，对受教育者思想认识的提高、心理的变化等难以顾及，而这些却是思想政治教育中的重要方面。正因为这样，对于评价给出的判断，被评价对象往往有意见，甚至影响了思想政治教育的持续进行。所以，坚持自评与他评相结合的评价模式，评价才会和谐。

2. 自评与他评相结合评价模式的基本要求

采用自评与他评相结合评价模式的基本要求如下。

（1）被评价对象要如实自评

在采用自评与他评相结合的评价模式时，评价领导者、组织者要对评价对象加以动员、引导、指导，让他们有求实的态度和作风，要告知他们除了自评还有他评，虚假迟早会暴露，弄虚作假者最终要吃亏。

（2）各评价主体独立进行评价

为保证各主体评价的真实、准确性，在采用自评与他评相结合的评价模式时，各评价主体要独立进行评价，自主地表达自己的意见，否则，就等于没有了多个评价主体，还是一个主体主宰评价。特别是对于自评，要确实保证被评价对象不被控制、操纵、愚弄，成为某个人或某些人的玩偶。

（3）其他主体评价要客观、公正

评价中的客观、公正非常重要，否则，就违背了评价的初衷——总结经验教训，推进思想政治教育持续、深入开展。其他评价主体的客观、公正，首先取决于态度的客观、公正，其次取决于工作的认真、扎实，特别是那些平时与被评价对象接触较少、了解较少的评价主体，要保证评价的客观、公正，必须深入到被评价对象的日常教育、工作、生活中做细致的观察、了解、调研、核实。否则，难以保证评价的客观、公正。

（4）评价结果的整合要科学

由于种种原因，比如对评价对象的了解程度，评价者先入为主的成见和评价中的态度，评价者的水平，评价中工作的认真程度等，各评价主体的判断肯定是有差别的。对于各个主体的评价如何赋予权重、整合？这是个复杂的问题，需要认真研究。一般来说，谁更知情，谁更懂得评价，谁获取的证据更有力，在赋予权重时谁的意见就更为重要些。在整合中，要充分发扬民主，各评价主体平等地表达自己的意见、阐述自己的理由，通过民主协商得出最终的评价结果。

3. 自评与他评相结合评价模式的基本程序

自评与他评相结合评价模式的基本程序如下。

（1）被评价对象自评

不论是对教育者的评价，还是对受教育者的评价；不论是对个体的评价，还是对群体的评价。被评价对象自评，即让被评价对象对自己的思想政治教育工作（对教育者而言）或接受思想政治教育的过程与效果（对受教育者而言）做出评价。被评价对象的自评，可以采用定性评价——一般是定等级；也可以运用一定的量的表达——定分数。不管运用哪种方式，都必须有依据，即对判断的足够的支撑，以防止自评的虚假。

（2）其他评价主体

其他评价主体的个数难以确定，有可能就是一个主体；有可能是多个主体，如教育者（对被教育者的评价）、受教育者（对教育者的评价）、领导者、专家学者、思想教育的职能部门、知情者（或同事、或同学、或家长、或朋友、或与被评价对象有较多交往者，等等）。参与评价的其他主体越多，评价的结果就越客观、准确。其他主体的评价，一般是定性与定量相结合的评价。参与评价的主体务必带着对被评价对象、对社会负责任的态度，认认真真地进行评价，不可草率从事，搞形式主义，弄虚作假。

（3）自评与他评相结合

在自评与他评的基础上，将自评与他评相结合，即将两个评价结果进行整合。所谓整合，不是将两个结果简单相加或按一定的权重计算出最后的结果，而是要认真地对比、分析、研究各评价的客观、合理之处，对各评价结果进行"去粗取精，去伪存真"，然后由各评价主体的代表协商出最终的评价结果。

思想政治教育评价，是判断大学生思想政治教育实际效果与社会价值的重要手段。探讨大学生思想政治教育评价的基本原理和具体方法，无论是对于加强和改进大学生思想政治教育，还是对于搞好大学生思想政治教育学科建设，都有着十分重要的意义。因为大学生思想政治教育是有目的、有计划、有组织的教育活动，是一个动态发展的过

程。为保证大学生思想政治教育目的、计划的顺利实现，必须及时掌握大学生思想政治教育的反馈信息，对大学生思想政治教育过程实施有效的调控。思想政治教育评价既是大学生思想政治教育过程的一个基本环节，又是大学生思想政治教育信息反馈的基本方式之一。合理运用评价方法，可以准确掌握大学生思想政治教育的实际状况，了解其成败得失，科学总结经验，提高大学生思想政治教育的水平。

参 考 文 献

[1] 蔡元培. 蔡元培教育名篇[M]. 北京：教育科学出版社，2007.

[2] 陈爱国. 大学生思想政治工作概论[M]. 长春：吉林大学出版社，2005.

[3] 陈笃彬. 大学生思想政治教育理论与实证[M]. 北京：人民出版社，2011.

[4] 陈国荣. 梳理与建构：大学生思想政治教育理论研究[M]. 北京：中国社会科学出版社，2012.

[5] 陈娟，林颖，陈应娣. 大学生思想政治教育新论[M]. 北京：海洋出版社，2016.

[6] 陈芝海. 大学生社会主义核心价值观教育研究[M]. 北京：光明日报出版社，2013.

[7] 宫承波. 新媒体概论[M]. 北京：中国广播电视出版社，2009.

[8] 关成华. 北京大学校园文化[M]. 北京：北京大学出版社，2004.

[9] 江泽民. 论党的建设[M]. 北京：中央文献出版社，2001.

[10] 教育部社会科学司组. 普通思想政治教育理论课文献选编[M]. 北京：中国人民大学出版社，2008.

[11] 李芳. 大学生生命观教育研究[M]. 北京：光明日报出版社，2013.

[12] 李林英，郭丽萍. 新媒体环境下高校思想政治教育教学研究[M]. 北京：人民出版社，2015.

[13] 李文信. 大学生核心价值观教育创新论[M]. 银川：阳光出版社，2011.

[14] 列宁. 列宁选集[M]. 北京：人民出版社，1995.

[15] 林建华. 21 世纪高校思想政治理论课教学改革研究[M]. 北京：知识产权出版社，2014.

[16] 刘川生. 大学生日常思想政治教育实效性研究[M]. 北京：北京师范大学出版社，2009.

[17] 刘恩允. 大学生生命教育研究[M]. 北京：中国社会科学出版社，2012.

[18] 刘洪敏. 新时期大学生思想政治教育理论研究[M]. 北京：北京理工大学出版社，2015.

[19] 刘素芬. 思想政治理论课改革衔接：以大、中学校衔接为例[M]. 北京：社会科学文献出版社，2009.

[20] 龙妮娜，黄日干. 新媒体与大学生思想政治教育研究[M]. 北京：光明日报出版社，2016.

[21] 骆郁庭. 当代大学生思想政治教育[M]. 北京：中国人民大学出版社，2010.

[22] 苗丽芬. 大学生日常思想政治教育实效性研究[M]. 北京：高等教育出版社，2009.

[23] 石磊. 新媒体概论[M]. 北京：中国传媒大学出版社，2009.

[24] 苏霍姆林斯基. 帕夫雷什中学[M]. 北京：教育科学出版社，1999.

[25] 王华岳. 新编马克思主义哲学原理[M]. 北京：高等教育出版社，2003.

[26] 王康. 社会学词典[M]. 济南：山东人民出版社，1988.

[27] 王爽. 新媒体时代大学生思想政治教育的挑战与创新[M]. 北京：中国言实出版社，2014.

[28] 王天一. 苏霍姆林斯基教育理论体系[M]. 北京：人民教育出版社，1992.

[29] 谢守成，等. 国际化视野下大学生思想政治教育创新发展研究[M]. 北京：人民出版社，2014.

[30] 张灿耀，陈万柏. 社会主义市场经济条件下思想政治工作领导研究[M]. 武汉：华中师范大学出版社，1999.

[31] 张德，吴剑平. 校园文化与人才培养[M]. 北京：清华大学出版社，2001.

[32] 赵君. 新时期高校思想政治教育队伍建设实证研究[M]. 北京：冶金工业出版社，2008.

[33] 赵祥麟. 杜威教育论著选[M]. 上海：华东师范大学出版社，1981.

[34] 郑承军. 理想信念的引领与构建：当代大学生的社会主义核心价值观研究[M]. 北京：清华大学出版社，2010.

[35] 郑美珍. 高职思想政治理论课教学实证性研究[M]. 沈阳：东北大学出版社，2013.

[36] 中共中央马克思恩格斯列宁斯大林著作编译局. 马克思恩格斯全集（第42卷）[C].北京：人民出版社，1979.

[37] 中共中央马克思恩格斯列宁斯大林著作编译局. 马克思恩格斯全集（第23卷）[C].北京：人民出版社，1960.

[38] 中共中央马克思恩格斯列宁斯大林著作编译局. 马克思恩格斯选集（第1卷）[C].北京：人民出版社，1995.

[39] 邹绍清. 当代思想政治教育方法论发展研究[M]. 北京：人民出版社，2013.

[40] 曹万雨. 高校思想政治教育管理体系的优化研究[D]. 合肥：安徽大学，2014.

[41] 程晨. 大学生社会实践的思想政治教育功能研究[D]. 兰州：兰州理工大学，2016.

[42] 胡新峰. 大学生思想政治教育机制研究[D]. 长春：东北师范大学，2014.

[43] 季海菊. 新媒体时代高校思想政治教育研究[D]. 南京：南京师范大学，2013.

[44] 施莉琴. 思想政治教育视域下大学生社会实践研究[D]. 贵阳：贵州大学，2015.

[45] 王畅. 大学生思想政治教育保障机制的建构研究[D]. 大连：辽宁师范大学，2007.

[46] 王蒙. 依法治校背景下高校思想政治教育管理研究[D]. 成都：西南石油大学，2015.

[47] 王宇涵. 大学生思想政治教育长效机制建设研究[D]. 大连：辽宁师范大学，2015.

[48] 张菡. 高校思想政治教育创新机制建设研究[D]. 洛阳：河南科技大学，2013.

[49] 赵敏. 新媒体视域中的大学生道德教育创新研究[D]. 济南：山东大学，2012.

[50] 高雪燕. 自我教育法在企业中的应用和思考[J]. 现代企业文化，2013，（3）.

[51] 李爱国，林亚梅. 人的全面发展理论对高校思想政治教育的启示[J]. 西南大学学报，2010，（1）.

[52] 李升平，李修志. 现代思想政治教育过程管理机制概念、特征及其框架[J]. 黑龙江高教研究，2010，（2）.

[53] 孙红艳. 社会主义核心价值体系与高校思想政治教育方法创新研究[J]. 思想教育研究，2014，（9）.

[54] 田喜洲. 论大学生科研能力的培养[J]. 重庆大学学报，2002，（6）.

[55] 王铁生，杨景文. 对现有校园文化理论的再认识[J]. 江苏高教，1997，（5）.

[56] 文辅相. 我国大学的专业教育模式及其改革[J]. 高等教育研究，2000，（2）.

[57] 吴锦超，许蔚萍，李沛武. 实施"开放发展"战略，提升高等教育育人质量[J]. 南京信息工程大学，2012，（18）.

[58] 吴琼. 改革开放以来高校思想政治教育理念创新历程及其启示[J]. 北京教育，2010，（1）.

[59] 尹建平. 论高校主体性思想政治教育[J]. 重庆工商大学学报（社科版），2004，（6）.

[60] 于真，严家明. 湖北"社会机制"研讨会观点综述[J]. 社会学研究，1991，（2）.

[61] 虞崇胜. 社会主义核心价值观生成的一般规律、基本原则和基本要素[J]. 东南学术，2013，（1）.

[62] 张红霞. 新形势下高校思想政治教育中的大学生自我教育[J]. 学校党建与思想教育，2010，（11）.

[63] 张林英. 开放式理念下高校思想政治教育模式构建探析[J]. 教育探索，2008，（1）.

[64] 中共中央办公厅印发《关于培育和践行社会主义核心价值观的意见》[N]. 人民日报，2013-12-24.